U0634457

抖音、快手运营推广

从入门到精通

营销铁军 ———— 著

广告、涨粉、带货、爆款、运营变现全攻略

民主与建设出版社
·北京·

© 民主与建设出版社，2020

图书在版编目（CIP）数据

抖音、快手运营推广从入门到精通：广告、涨粉、带货、爆款、运营变现全攻略 / 营销铁军著 . — 北京：民主与建设出版社，2020.8（2023.9 重印）

ISBN 978-7-5139-3079-6

Ⅰ.①抖… Ⅱ.①营… Ⅲ.①网络营销 Ⅳ.① F713.365.2

中国版本图书馆 CIP 数据核字 (2020) 第 103527 号

抖音、快手运营推广从入门到精通 ： 广告、涨粉、
带货、爆款、运营变现全攻略
DOUYIN KUAISHOU YUNYING TUIGUANG CONG RUMEN DAO JINGTONG:
GUANGGAO ZHANGFEN DAIHUO BAOKUAN YUNYING BIANXIAN QUANGONGLUE

著　　者	营销铁军	
责任编辑	彭　现	
装帧设计	尧丽设计	
出版发行	民主与建设出版社有限责任公司	
电　　话	（010）59417747　59419778	
社　　址	北京市海淀区西三环中路 10 号望海楼 E 座 7 层	
邮　　编	100142	
印　　刷	衡水翔利印刷有限公司	
版　　次	2020 年 8 月第 1 版	
印　　次	2023 年 9 月第 5 次印刷	
开　　本	710 毫米 × 1000 毫米　1/16	
印　　张	14	
字　　数	179 千字	
书　　号	ISBN 978-7-5139-3079-6	
定　　价	55.00 元	

注：如有印、装质量问题，请与出版社联系。

在这个流量为王的时代，传统的营销模式已经落伍。在抖音和快手平台上进行短视频营销，则成为一种风靡的营销方式。

事实上，已经有很多著名企业入驻这两个平台，成为众多希望实现流量变现的用户群体中的一分子，成功将营销战场从线下搬到了线上。

做营销，本质上是满足客户的需求，这一点无论在线下还是在线上，都不会有任何的改变。只有让客户满意，他们才会愿意掏出钱，完成交易。

近年来，抖音和快手平台强势崛起，用户数量激增。数亿用户聚集在一起的结果，就是形成了两个巨大的流量池。在流量变现这一目标的刺激下，越来越多的人尝试进入短视频营销领域，并渴望在抖音和快手平台占据一席之地。

然而，随着抖音和快手平台的用户数量逐渐饱和，新用户的增长速度逐渐放缓，流量红利也变得越来越少。在这种情况下，粉丝对短视频拍摄的要求越来越高，对创意的追逐越来越强烈。想要从激烈的竞争中脱颖而出，运营者必须从有限的用户中筛选出自己的粉丝，然后借助粉丝的有效传播，将自己和品牌推销出去。

对于抖音和快手平台的运营者来说，目前的短视频营销市场充满了挑战和机遇。只有真正掌握了运营技巧，懂得如何完成流量变现的运营者，才能立于不败之地。

第一篇 基础入门篇

第九章 有效推广，让作品火遍全网

第十章 精准引流，让粉丝从这里到那里

第四篇 流量变现篇

第十一章 广告变现：最常用的价值变现方式

♪ 第五篇 企业品牌篇

第十五章 企业账号运营的那些事

第十六章 盘点做好品牌营销的高效技巧

第一篇
基础入门篇
DIYIPIAN JICHURUMENPIAN

第一章　短视频思维引领营销新思路

短视频营销：一种营销新思维

在如今这个时代，人们的时间观念越来越强，对碎片化时间的利用要求越来越高。这主要是因为人们的工作、生活等压力越来越大，需要越来越多的时间去处理各项事务。在整体时间有限的情况下，碎片化时间成为人们关注的重要内容。

为了适应这种潮流，满足消费者对快节奏消费的需求，短视频应运而生。随着人们对短视频关注度的提升，短视频营销也随之发展起来。在如今这个快节奏的时代，利用短视频展开营销活动，显然是一个十分明智的选择。

实际上，短视频营销并不是一个新概念，只是在当前的环境下，它很好地迎合了消费者的需求，切中了消费者的痛点，因此迅速火热起来。短视频营销，其实是视频营销的一个重要部分。只是视频的时长相对比较短，能够在比较短的时间内将信息传递给消费者，对受众产生某种影响。

关于视频营销的定义，相信很多人都有一定程度的了解。它是一种利用视频展示产品及企业品牌、文化等内容的营销方式，是一种将网络、视频、营销三者结合在一起的商业活动。短视频营销作为视频营销的重要组成部分，它所起到的作用和效果与常规的传统营销方式有所不同，具有传统营销方式无法比拟的优势。

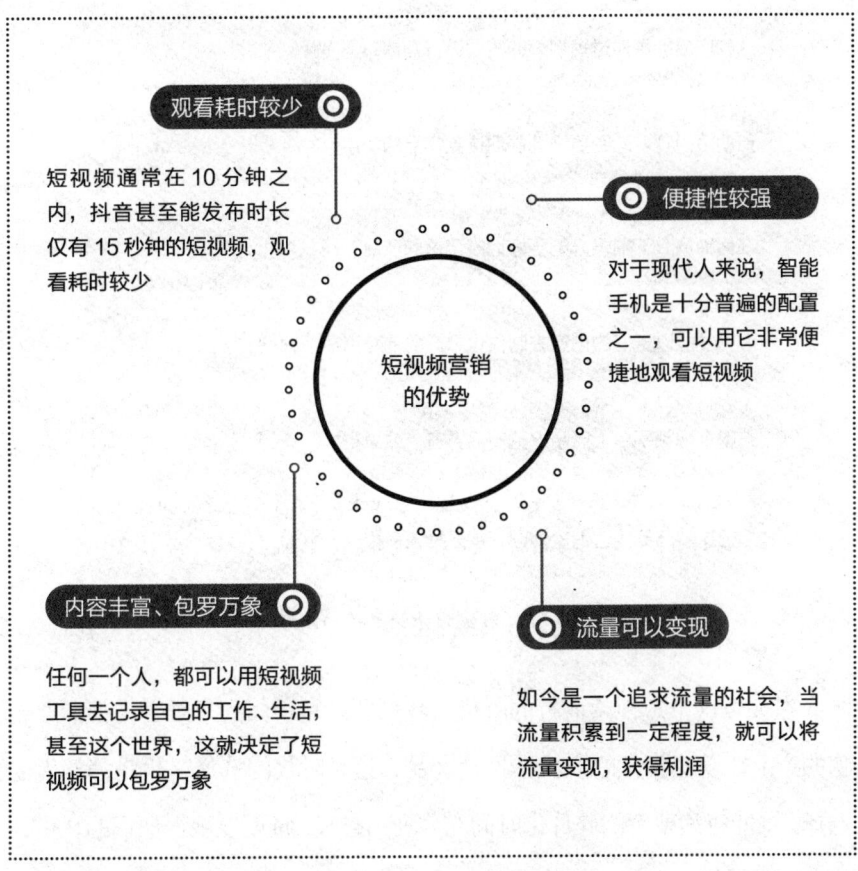

图1-1 短视频营销的优势

对于很多销售员和营销行业的从业者来说，短视频营销并不是一个陌生的词汇，很多人甚至耳熟能详。但是，有些人即便熟知这个名词，但在思维方面并没有对此加以重视，或是并没有加强短视频营销思维的锻炼。

身为一名营销行业的从业者，在看到一款产品时，应该首先考虑以下六个问题，以求借助短视频工具采取更加深入人心的营销方式。

这款产品能否通过短视频的方式进行营销?

借助短视频,能否更好地展现这款产品的卖点?

在何种场景下拍摄,能更好地展示这款产品?

怎样才能以更好的创意去制作这款产品的营销短视频?

在哪个视频平台上展示这款产品,宣传效果更好?

拍摄这款产品的营销短视频,需要投入多少人力、物力、财力?

图1-2　短视频营销思维的内容

在如今这个短视频盛行的时代,我们要以短视频的思维去审视需要销售的产品,以短视频的方式去推销产品,这是时代的选择,也是消费者的选择。谁能将消费者的碎片化时间充分利用起来,谁就能赢得他们的认可,成功实现销售。

▶▶▶▶ 网红语录

1.未来十年,拼这四个字:一整、二借、三学、四变。整,是整合资源;借,是借力、借势;学,是学习新的商业模式;变,是改变陈旧的思维观念。

2.在即将到来的5G时代,所有过去精彩的文字内容,都会用视频重新演绎一遍。如果你悟透了这一点,你就会发现一座非常巨大的宝藏。

短视频营销的发展之路

短视频营销的发展，依赖于短视频的发展。随着人们对短视频认可度的提升，短视频的功能越来越多，价值越来越高。短视频平台从最初的发布视频，供用户记录、分享生活、工作等，逐步发展成一种十分高效、便捷的营销工具。

2011年，快手的前身"GIF快手"诞生。最初，它只是一款制作、分享GIF图片的简单应用。2012年，快手实现转型，变成一个用户可以记录和分享生产、生活的短视频社区。随着智能手机的普及和移动流量成本的下降，快手终于在2015年以后迎来了巨大的市场，赢得诸多用户的认可。

2014年5月，在快手尚未火爆时，以打造火爆的短视频社交软件为目标的美拍正式上线，它的宣传口号是"10秒也能拍大片"。半年之后，美拍又推出了"60秒"的功能，并由此规范了短视频的时长。不仅如此，美拍团队还在微博上推出了相关话题的讨论，带来了数十亿的阅读量，参与讨论的人数超过百万。

2014年10月，微信更新版本。当时发布的新版本中，最让人眼前一亮的就是增加了短视频功能。尽管它的短视频相对简单，且最长时限仅有6秒钟，也没有特效、音乐等配置，但实用性能非常强大。尽管之后的微信版本并没有保留这一功能，但可以拍摄短视频这一功能，实际上是短视频功能的升级版。除此之外，微信用户还可以在微信公众平台展示和分享短视频。

2015年，以用户创作内容为主要运行模式的小红唇短视频平台面世。

在这个平台上，用户可以向人们传授美妆技巧、健身方法等，并可以介绍与此相关的产品。随着小红唇商城正式上线，用户可以在该平台购物，短视频变现成为现实。

2016 年，抖音短视频平台正式上线。它是一个以年轻人为主要受众群体、主打 15 秒钟短视频的视频社区。由于定位明确，视频时长和展现方式满足了广大年轻人的需求，因此迅速赢得年轻用户的认可，短时间内获得了爆发式的增长，日均视频播放量超过一亿。随着流量的迅猛增加，各种营销迅速融入其中，图书、服装、美妆等产品，很快实现视频流量变现。

2018 年，腾讯旗下的微视短视频平台横空出世。众多明星的入驻，大量红包的放送，再加上这个平台上的短视频可以在 QQ、微信等社交平台分享，因此很快收获了大量用户。

2011 年	2014 年 5 月
GIF 快手诞生 2012 年即实现转型，成为可供用户分享工作、生活的短视频社区"快手"	**美拍面世** 以"10 秒也能拍大片"为理念的短视频社交软件
2014 年 10 月	2015 年
微信 6.0 版发布 增加 6 秒钟短视频功能，为短视频拍摄功能奠定了坚实基础	**小红唇短视频诞生** 从客户创作、发布美妆、健身等短视频，到小红唇商城上线，实现流量变现
2016 年	2018 年
抖音上线 主打 15 秒短视频，爆发式增长，赢得众多年轻用户的广泛认可	**微视上线** 众多明星助阵，红包加持，实现与 QQ、微信平台分享，有效整合资源

图 1-3　短视频营销的发展之路

短视频营销发展到现在，已经相当火爆，但是随着新形式的不断融入，这种营销模式会越来越生机蓬勃。因此，只有跟上短视频营销的脚步，以短视频思维去构思营销之法，才能开创新的营销领域，获得新的业绩。

想要靠短视频思维打开营销之门，以下三点需要我们多多关注。

1. 先抓客户，再卖产品

在短视频营销的模式下，一些主播先积攒人气，当粉丝积累到一定程度时，再将粉丝转化为客户，最终实现流量变现。

2. 深度运营，持续得到客户的关注

在短视频营销的模式下，获得流量的有效手段是为客户提供个性化、精细化的产品，让客户得到更好的消费体验，以便实现更高效的客户转化。

3. 将客户变成"合伙人"

在短视频营销的模式下，客户不只是购买产品而已，他们希望与主播有更多的交流和互动。主播可以利用便利条件，通过互动让客户变成"合伙人"，通过客户的转发、推介等，获得更多的客户资源，赢得更多的订单。

在短视频如此风靡的今天，尽快做好短视频营销的布局，才是营销从业者的明智选择。更有甚者，不仅要对客户进行程度更深的运营，还要将布局延伸到竞争对手那里，与竞争对手在某些领域达成共识，形成合作关系，从而降低运营成本，给客户带去性价比更高的产品和服务。

▶▶▶ **网红语录**

1. 短视频营销最大的优势是，低成本、高收益。一部手机有网就可以，投资小，但是收益大。

2. 什么是好的作品？不是说花很长时间去做一个作品，哇，美轮美奂，这个作品就是好的。它好啊，是好在具有传播性、传播价值。

抖音：记录美好生活

随着生活节奏的日益加快，短视频迅猛发展的趋势已经难以阻挡。在这场颠覆性的视频革命中，抖音虽然不是最早的入局者，但其发展速度和规模，却是短视频行业中毋庸置疑的领先者。

一提起抖音，相信很多人都耳熟能详。尤其在一二线城市，抖音短视频是大多数年轻人的不二选择。面对为数众多的活跃用户和规模可观的流量，很多品牌商入驻抖音显然是不用思考太多就能做出的决定。

2016 年，抖音上线。这种用短视频记录自己生活、工作的方式，马上就受到众多年轻人的追捧。短时间内，抖音用户量激增，用户发布的视频内容也越来越多元化。在这个平台上，不仅有音乐、健身、制作美食等生活片段的记录，也有图书、服装、美妆等各种营销视频的身影。

抖音之所以比更早进入短视频行业的快手更快风靡市场，原因在于抖音的用户主要是一二线城市的年轻人，他们有更多的机会接触智能手机，也更容易接受新鲜事物。当一个个有趣、新潮的视频出现在这个平台上时，年轻受众显然更容易受到吸引，也更愿意在此记录自己的生活，展现自己的特长和优点。

抖音平台上各种炫酷音乐，也让为数众多的年轻人为之着迷。用抖音拍摄短视频，操作简单，容易上手，而且可以随自己喜好制作好玩、炫酷的视频，任何人都可以在短短 15 秒的时间内做出一部自己的作品，既节约时间又充满乐趣。这一点是其他短视频平台未曾做到的。在这样的前提下，数以亿计的用户活跃在抖音平台上交流和互动。无形之中，流量迅速增加，为实现流量变现奠定了坚实基础。

在抖音平台上，商家可以做品牌营销，实现扩大品牌影响力和迅速增加销量的目的。在这个平台上，通过积累流量，商家可以建立品牌的流量池。为了实现这一目标，商家要抓住年轻人的心理，以新潮、绚烂的形式去展示自己的产品，用年轻人能够接受的方式展现品牌的核心价值。这一点是必须遵循的准则之一，也是商家赢得客户、实现流量变现的前提条件之一。

另外一个值得关注的重点是，抖音平台上用户的相互推荐是流量迅速增加的有效手段之一。仅仅只是一个点赞，对于商家来说意义并不大。商家需要的是客户的持续关注，在客户关注账户的前提下，商家发布的每一条视频才能顺利被推荐给客户，让客户点击和观看。这样一来，商家才能与客户更好地沟通，持续影响客户，乃至将潜在客户转化为忠实客户，最终实现流量变现。

 **网红语录**

1. 流量在哪里，市场就在哪里。抖音这个巨大的流量蛋糕，人人都想分走一块儿。

2. 要是有舞台，谁不想当聚光灯下的明星呢？

快手：记录世界，记录你

在抖音火爆之前，快手已经涉足短视频领域。甚至早在 2011 年，"GIF快手"就已经诞生。只不过，它当时只是一款制作、分享 GIF 图片的简单应用。到了 2012 年，快手正式进军短视频行业，尽管它并未出现爆发式的增长，但其在短视频行业的地位不可撼动。

快手的用户，大多集中在三四线城市，这与快手这个平台的宗旨是一致的。快手成立之初，其定位就是记录真实的自己和生活，以至于我们可以在这个平台上看到许多记录乡村生活、工作状态的短视频。而且，很多视频并没有配乐，完全就是真实状态的记录。这种真实记录的表达方式，让很多刚刚接触快手的人觉得有些难以置信。对一些乡村视频，很多人甚至表示怀疑，觉得是摆拍或者虚构的场景。但是，一旦适应这种记录方式，很多人就会难以自拔地喜欢上它。

在快手平台上，很多人通过展示真实的自己去赢得别人的关注和喜爱。在这个平台上，用户可以找到与自己兴趣相投的人，从而展开更深层次的交流。在这里，用户不必担心自己过于平凡而无法得到别人的关注，因为公允是快手一个十分重要的准则。在资源配置上，均衡性是这个平台追求的价值观之一。每个人都有相同的机会去赢得关注，无论是刚刚加入的新手，还是拥有众多粉丝的老用户，每个人都会被公平对待，每个人都会获得相同的资源。

在快手平台上，农民介绍农产品的短视频比比皆是，刚开始也许只是一种记录真实生活的方式，但是随着影响力的增加，越来越多的人意识到，这是一个销售农产品的新途径。

快手曾举办"快手卖货节"大赛，很多拥有大量粉丝的用户凭借超高的人气吸引了巨大的流量，在短时间内就获得了巨大的销量，赢得了巨额的利润。由此不难看出，从真实记录自己出发的快手，已经能够通过短视频营销去帮助那些生活在偏远地区的人们。很多滞销甚至没有销路的产品，在快手平台被推广之后，迅速引爆市场，为人们开辟了一条致富的新路。

快手和抖音的目标群体并不相同，但是从本质而言，短视频营销的性质是一样的。它们都是通过视频内容让粉丝产生共鸣，吸引粉丝参与到交流中，通过粉丝数量的增加及流量的不断累积，逐渐形成平台的人气主播。当粉丝数量积累到一定程度后，主播就可以凭借在粉丝中产生的影响力将商品推销出去，从而实现流量的最终变现。

从某种意义上讲，在快手上做视频营销，已经成为一种趋势。无论是哪个行业的从业者，无论是从事何种职业的人，都可以在快手平台上做短视频营销。一旦一个人在平台上吸引了足够数量的粉丝，那么推销产品的时候，实现转化就会容易许多。毕竟，粉丝基数足够大的时候，哪怕只有一小部分实现转化，其销量也是十分可观的。这就是短视频营销带来的营销革命，短视频思维带来的改变，是以往的营销方式无法企及的。

▶▶▶ **网红语录**

1. 对我来说，快手既是窗口，也是舞台：它增加了我的收入，提高了我的生活水平，使我可以保持自己的爱好，我还可以通过这个窗口见识到更广阔的世界和更多有趣的人。

2. 在其他电商平台上，我们和用户就是纯粹的买卖关系，在快手上会有粉丝也是朋友的感觉。

同样重要的抖音和快手

短视频营销兴起的时间不算太长，很多人对它并没有引起足够的重视。然而事实已经证明，最早接触和开展短视频营销的企业和商家，不仅通过抖音和快手平台打开了知名度，更是赚取了大量的利益。

在进入短视频营销这个领域时，有一种思维非常重要，那就是不要拘泥于某个单一的短视频平台。也就是说，不要单纯地在抖音和快手中选择一个平台进行营销尝试，而要在两个平台上同时展开活动。

有些企业或商家认为，抖音和快手对主要用户的定位并不相同，也就意味着两个平台的营销手段和方式也应该有所不同，这样才能做到有针对性地展开营销。从某种意义上说，这种思维模式是站在客户思维的角度展开的。在传统的营销方式中，这种思维和定位是有益且有效的。然而，在短视频思维中，并不能单纯地以客户的消费水平、生活环境等来划分客户群体。

短视频之所以能够吸引数量庞大的用户和粉丝，一个重要的原因是短视频的趣味性和真实性。一段有趣味、有内涵的短视频，往往可以让很多人产生情感上的共鸣，这种共鸣并不受地域和消费水平的限制。

毕竟，网络营销的传播速度和影响方式，和传统的营销方式还是有极大的不同。只要制作出一个能够吸引用户的短视频，通过转发、共享等方式分享，在极短的时间之内，这个短视频就可能在用户中扩散开来，以此赢得更多的关注、点赞，在这样不断的转发、传播中，粉丝积累得越来越多，账号的流量越来越大。当客户的基础量变大之后，转化的可能性也会随之升高，最终达成的交易也就越来越多。

所以，在做短视频营销的过程中，不要只在单一的平台上做推广，而要将抖音和快手看得同等重要。在两个平台同时展开营销，也就意味着多了一个营销渠道，成功营销的可能性也就随之增加。

利用短视频做营销活动，重要的是先拥有粉丝，一旦浏览量和关注度积累到一定程度，流量就会成倍地增加，扩张速度也会成倍地往上翻。这种营销效果和流量传播的特点是息息相关的，是短视频营销的从业者必须了解和掌握的重要事实。

拥有短视频思维，就是要求从业者重视每一个短视频平台，抖音和快手双管齐下，在两个平台同时赢得关注和流量，就有可能更快地打开局面，更早一点实现成功的营销。

▶▶▶ 网红语录

1. 泥泞路上的奔驰，永远跑不过高速路上的夏利，说明平台很重要。

2. 现在我也有自己的舞台、自己的粉丝，那就是快手和老铁，这一切就像做梦一样。

3. 在快手上，老铁的信任和忠诚就是真金白银。

短视频的九种主流玩法

如今，短视频已经风靡市场，很多短视频平台的用户都用镜头去记录自己的生活，并发布在平台上与其他用户分享。

很多喜欢玩短视频的人，用自己的技巧和仪器拍摄出一段段令人拍案叫绝的视频。这不仅提升了人气，也解锁了许多新潮的短视频玩法。

1. 才艺展示

顾名思义，才艺展示就是展示自己的才能和技艺（主要形式有唱歌、跳舞、健身、做手工、展示厨艺等），将它拍成视频上传到短视频平台上。这是比较常见的一种短视频玩法。在各个短视频平台上，这种类型的短视频经常进入热播榜单，很受观众的欢迎。

2. 拍摄短剧

在短视频平台上，有很多或搞笑或动情的情景短剧，非常受观众喜爱。之所以如此，是因为它们往往是创作者巧妙构思、多次拍摄和剪辑的成果。精彩的剧情加上制作者倾注的心血，通常很容易打动观众。

3. 知识讲解

这种玩法是讲解一些或专业或深奥的知识（如办公软件的使用方法、蛋糕的制作方法、毛衣的针织方法等），帮助观众获得知识和实实在在的益处。由于这些知识对观众的自我提升和工作、生活等都很有帮助，所以常常被观众追捧。

4. 技术交流

这种短视频的制作者往往对某一领域（如特效、魔术、短视频剪辑、电脑维修等）的技术有所了解。他们通过短视频与观众进行技术方面的交流。对于有这方面需要的观众来说，这种短视频是很有实际意义的。

5. 弘扬时代主旋律

在各个短视频平台上，都有很多宣传正能量和弘扬时代主旋律的短视频（如帮助老弱病残、为环卫工人送饭、舍身救助陌生人、帮被拐卖的孩子回家等）。这类视频是真实事件的记录，主角就是我们身边的普通人，他们表现出的精神常常让人备受感动。

6. 反差式表达

这种类型的短视频，主要表现反差的内容（如减肥前后、化妆前后、吃饭前后等）。通过强烈的对比，制造出幽默的效果，给观众留下深刻的印象。拍摄这类短视频时，制作者往往会把关注点放在反差最大的点上，反差越大，笑料越多。

7. 拍摄萌宝

很多宝爸宝妈喜欢拿自己的孩子当短视频的主角，将孩子生活中的点滴一一记录下来，整理之后就变成了一个精彩的短视频。这种类型的短视频很容易引起很多父母的共鸣，在家长群体中会引发不少的讨论。

8. 拍摄宠物

很多短视频拍摄者对宠物青睐有加，把自己的宠物打造成短视频主角。他们记录宠物的日常生活、卖萌表情、搞笑行为等。这种类型的短视频，对那些有同样宠物或是对某种宠物很有兴趣的观众来说，是一套很好的养宠秘籍。

9. 蹭热度

在短视频平台上，每天都有很多热门视频。在社会生活中，每天都会发生很多热点事件。这些有热度的事情，往往是人们关注的焦点。蹭这些热点来拍摄短视频，往往能引来更多观众的关注，让账号迅速升温。

短视频的九种主流玩法，并不是孤立存在的。在拍摄一段短视频时，其实可以综合运用其中的几种，这样才能让短视频呈现更好的效果，给观众带来更大的视觉冲击。

网红语录

1. 表演中的形象一定要和自己的形象挂钩，要有一个契合点，这很重要。

2. 用心做视频，算是我的首要原则。

3. 坚持自己的梦想非常不容易，我是靠自己的信念在坚持。

第
二
章

精准定位，锁定领域就是锁定客户

◎做好定位，营销就成功了一半

◎账号定位：一个领域只需要一个账号

◎客户定位：分析客户群的总体特征

◎优势定位：着重在擅长的领域发力

◎内容定位：依据客户需求制作内容

做好定位，营销就成功了一半

在运用抖音和快手做营销的过程中，做好定位是非常重要的一项工作。如果定位错了，那么无论内容多么吸引人，最终的营销效果都难以令人满意。也就是说，只有做好定位，才能满足粉丝的需求，最终成功实现营销。

无论个人还是商家、企业，定位对涨粉速度和变现效率都有直接的影响。究其原因，主要有三个：

（1）定位精准，可以精准吸引粉丝，对提升账号热度和知名度有推动作用。

（2）定位精准，能够形成独特的标签，有利于打造自己的品牌。

（3）定位精准，创作的视频内容针对性更强，可以有效提升转化率。

在营销实战中，做好定位是成功的基础之一。为了精准定位，则要在短视频产品方面下足功夫。

为产品做定位时，产品本身的价值是需要考量的重要因素。只有确认了抖音和快手的短视频产品能够为自己带来什么价值，也就是做出一个长远的估量和规划，才能有效推广产品，进而吸引更多的粉丝，实现更多的变现。

在这个长远规划之中，不仅要有对短视频产品的价值预估，还要有对各种情况的预见和假设。比如，当粉丝数量累积到一定程度时，应该采取什么样的措施；当产品需要升级时，如何才能做到更高效的创新；在面对竞争对手时，需要采取什么手段去赢得主动；等等。

产品的精准定位，对产品的制作、推广、营销等过程都有非常重要的作用。每一个产品从出现到销售出去，都有一定的周期和阶段。在不同的阶段，为产品做不同的定位和营销策略，能够让产品随时跟上市场和客户的需求，从而更好地推动营销实践。

具体而言，短视频营销先后经历的阶段有五个。

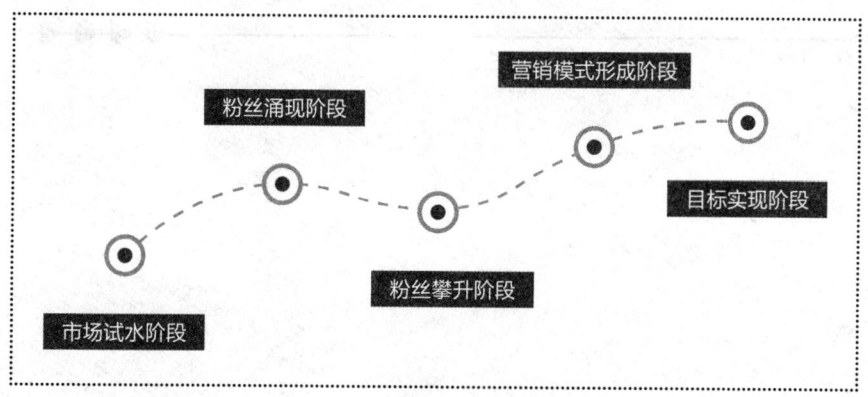

图2-1　短视频营销的发展阶段

在市场试水阶段，营销者往往已经发现了刚需市场，找到了愿意付出时间来观看视频的客户群；接下来，随着观众数量的增多，粉丝也逐渐涌现出来，而且对账号有相对较高的关注度；到粉丝攀升阶段时，粉丝数量的增长速度加快，营销者需要做好粉丝的维护工作；随着运营时间的增加及对粉丝需求的了解程度加深，营销者逐渐形成某种效果最好的营销模式，粉丝数量也在持续增加；随着粉丝流量不断地变现，最初制订的营销目标成为现实，营销者进入下一个营销循环。

在运用抖音和快手进行营销的过程中，总会遇到各种突发情况，它们虽然不是定位的组成部分，但是在设计定位时就应该将它们考虑其中。也就是说，营销者需要随时根据市场变化做出相应的调整。只有能随时跟上市场变化的营销手段，才能实现最终的目标。

▶▶▶ **网红语录**

1.你拥有再多、再大的水桶，也不如一个水龙头，说明渠道很重要。

2.实战全凭真功夫，能卖才是硬道理，业绩治百病，开单解千愁，市场打不赢，一切等于零。

3.快手一直是草根的代名词，因为它实在是太接地气了。

账号定位：一个领域只需要一个账号

无论在抖音平台还是快手平台，账号定位的一个重要准则就是要做原创。注册一个原创账号，自己构思、拍摄、制作，完全展现属于自己的东西，而不是从平台上搬运别人的东西，这对账号的长期运营具有重要的作用。

还有一个重要的原则是，一个领域只注册一个账号就好。也就是说，每个账号专注于一个领域即可。对一些刚刚涉足抖音、快手营销的用户来说，专注于一个领域并不是他们的首选。他们会觉得，只有广撒网才能多收鱼，所以更愿意多方面尝试——今天发布美食视频，明天发布运动视频，后天又发布英语学习视频。他们希望通过类型多样的视频去吸引更多的观众甚至是粉丝。

从理论上说，这种想法并非全无道理。只是运用到实战当中的话，就会发现这种想法是不成立的。短视频营销之所以火爆，是因为它符合人们"充分利用碎片化时间"这一需求，能够在最短的时间内给用户带来某种满足。如果一个账号中充斥各种领域的视频，观众就需要从中进行筛选，这无形中会浪费观众的宝贵时间。也就是说，这与观众充分利用时间的初衷是相悖的。因此，这样的账号对观众并不具备足够的吸引力。如果连观众都吸引不到，也没有足够的粉丝数量，那么想要成功营销根本不可能。

账号的定位如果是混乱的，就很难吸引某个固定领域的观众。缺乏足够数量的粉丝，做起营销来必然是困难重重。因为粉丝群体特征不同，那就无法针对性地制定营销策略和方式，难以提升营销效率。在这种定位不明的情况下，视频发布得越多，就越难掌控粉丝的需求和变化。一旦如此，不仅无法持续吸引粉丝，反而会出现不断"掉粉"的糟糕局面。

换一种角度想，如果在一个领域只注册一个账号，也就是只专注于一个固定的领域，那就可以将全部的精力投注在这个领域。集全力于一点，往往可以产生最大的力量，以最高的效率完成营销目标。

任正非曾经说过："中国现在又冒出来很多企业，其实也跟华为一样，也是专心致志做一件事的。一个人一辈子能做成一件事已经很不简单了，为什么？中国有13亿人口，我们这几个企业把豆腐磨好，磨成好豆腐；你们那几个企业好好去发豆芽，把豆芽做好，我们13亿人每个人做好一件事，拼起来我们就是伟大的祖国。"

其实，无论做实体企业，还是做抖音、快手营销，专注地做事情都是一种十分重要的品质和态度。只有把所有的精力都倾注在一项工作上，才能最大限度地保持专注力，以免因为分散精力而浪费时间和资源，对正常的工作产生不必要的影响。

不夸张地说，专注于一个固定的领域，是做短视频营销定位的重要准则之一。一个账号只有定位于某一领域的内容和相对固定人群，才能做出更加精彩的视频，才能对特定人群产生更大的吸引力，并且带来更好的营销效果。

▶▶▶ **网红语录**

1. 找准自己，将人物定型，才能让观众记住你是一个什么样的人，从而愿意观看你的其他作品。

2. 普通人只需要做自己就可以，不需要跟风，不需要模仿，也会拥有志同道合的粉丝。

3. 只要是你用心做的好作品，就一定会被人看到。

客户定位：分析客户群的总体特征

从客户定位的角度分析，抖音、快手营销和其他营销方式的目标是一致的，那就是选择一个最适合展开营销活动的客户群体，分析该群体的总体特征，进而展开有针对性的营销活动。通常情况下，客户定位不仅决定了内容制作方式、吸粉手段、引流效果、变现效率等，还对整个产品的布局有重大的影响。

在借助抖音和快手平台进行营销的过程中，对客户进行精准的定位，可以更直接、有效地找到客户群体，为客户提供更加符合他们需求的产品，从而使得产品在激烈的竞争中脱颖而出。具体而言，由于抖音平台和快手平台的主要用户本身就有差异，所以在分析客户定位时，这两个平台的定位方法也应有所不同。

1. 抖音平台的主要受众

抖音平台上线之初，就将用户定位于一二线城市的年轻群体，尽管随着时间的推移和影响力的不断扩大，它的用户范围已经大大扩张，乃至于很多中年人甚至老年人也已经使用抖音，可是它的主要用户群体依然是年轻人。所以，在抖音平台做营销时，应该主要定位于年轻群体，符合年轻人需求和品位的视频和产品，对大多数用户而言会有更大的吸引力。

也就是说，在抖音平台做营销时，重点客户群体应该是年轻人，首先将年轻人作为关注重点，而后再根据产品的特点进行更加精准的推广和运营。至于那些本身就不适合年轻群体的产品，如果选择在抖音平台做营销，则需要花费更多的时间和精力，才能达成预定的营销目标。

2.快手平台的主要受众

快手平台的受众群体和抖音有所不同，快手的关注重点在三四线城市，而且致力于让每个人都有公平的展示机会。所以在快手上线之初，很多记录普通生活和普通人群的视频占据比较大的比例。也就是说，快手平台最早的一批用户其实是三四线城市的普通人。

时至今日，快手平台的用户也已经遍布一二线城市。但是，快手对记录真实生活的要求一直都没改变。观众和粉丝可以看到各种各样的真实视频，并通过这些视频去认识更加广阔的世界。

从营销的角度来说，真实的普通人是快手平台的主要受众。这个范围看起来有些大，但是如果细分开来，每种产品几乎都能找到相应的客户。在做营销的过程中，只要做好数据的整理、分析工作，就能找到适合自己的领域。

在抖音和快手平台上为客户做定位，是一项非常复杂的综合性工作。从某种角度上说，它甚至比传统模式的客户定位更难一些。这是因为，网络用户的知识水平、生活习惯、兴趣爱好等，都存在一定的差异。而且，他们对营销视频的接受程度也有所不同。在网络上，很多参数无法用传统方式进行统计，也不能用传统的模式去分析和理解。这是一个新颖的领域，需要营销者通过更多的手段和技术去综合评定，从而更好地做好客户定位，更好地为客户提供产品和服务。

▶▶▶ **网红语录**

1. 正所谓"高手在民间"，快手就是这样一个江湖。

2. 我始终坚信一句话：人生最精彩的不是你实现梦想的瞬间，而是坚持梦想的整个过程。

优势定位：着重在擅长的领域发力

在抖音和快手平台做营销，做好优势定位的重要性不言而喻。在运营账号的过程中，只有清楚地了解自己的优点，并根据自己的优势做出相应的规划和准备，制作出高质量的视频内容，才能更好地在自己擅长的领域发力。

为自己做好定位，发现自己的优势所在，只有将优势定位做精准了，才能最大化地发挥自己的优势，借由这个优势获得数量庞大的粉丝和巨大的流量。想要做到这一点，营销者首先要客观地审视自己，以便锁定自己擅长的领域。具体的操作方法如下。

1. 发现自己的优点

每个人都有自己的优点和专长，只是有些人没有意识到而已。想要寻找自己的优点，其实很简单，只要静下心来审视一下自己，思考一下自己做哪些事情的时候最常得到称赞。总能做得很好的事情，往往是一个人擅长的，无论是口才好、懂幽默，还是逻辑性强、思路清晰，抑或是厨艺精、运动能力强等，都可以成为挖掘天赋和优势的领域。在这些领域运营抖音、快手账号，更有可能取得成功。

2. 找到自己真正喜欢做的事情

"兴趣是最好的老师"这句话，相信很多人已经听了无数遍。这句话不仅适用于学习，还适用于做短视频营销。在自己感兴趣的事情上，人们往往愿意花费更多的时间和精力，并能够一直坚持做下去。有了长期的坚持，才能变得更加专业。

在抖音和快手平台上，有很多各具特色的用户。有的擅长唱歌，有的擅长搞笑，有的擅长做直播，等等。无论是哪个领域的用户，他们之所以能够赢得数量众多的粉丝，其中一个很重要的原因就是他们愿意在各自擅长的领域花费更多的时间，并乐此不疲。

3. 寻找自己悟性更强的领域

每个人的认知能力都有局限性，很多时候个人并不知道自己有什么潜力，只有在遇到某些事情的时候，人的某种能力才会显现出来。简单来说就是，在某些方面，有些人比一般人的悟性更强，做得更好。比如，有些人对文字十分敏感，很快就能背诵一篇文章；有些人的乐感很强，虽然不懂乐理，但对韵律的理解能力强于常人。这些人在这些悟性更强的领域，往往可以实现更大的价值，更好地做营销。

通过上述几种方法，人们通常可以发现自己擅长的事情，并在这个领域努力提升自己。当一个用户在抖音、快手平台充分展现出强于别人的优势时，他的粉丝往往会更多，浏览量的增长速度会更快。

进行优势定位时，不仅要发现自己的优势，还要认真分析自己的核心优势。比如，擅长唱歌的用户，要分析自己擅长唱哪种类型的歌，是摇滚还是民谣，是情歌还是歌剧，找到自己最擅长的风格和曲目，才能最大化地发挥自己的优势。

抖音和快手的用户多达数亿人，这就意味着每一个用户都有数千万甚至上亿的竞争对手。想从如此激烈的竞争中脱颖而出，必须要充分发挥自己的优势。只有在自己擅长的领域发力，才能更好地发挥自己的优势，成功实现营销目标。

 **网红语录**

1.消除恐惧的最好办法，就是面对恐惧。加油！奥利给。

2.他们的卖点是价格，我们的卖点是品质，虽然不能保证最低的价格，但能给你保证最好的品质。

3.真正有创意、有灵魂的作品，看一遍就能记住。

内容定位：依据客户需求制作内容

在做抖音、快手营销时，一定要注意一点，那就是不要将内容定位和账号定位搞混淆。账号定位的作用是确定营销领域，而内容定位则要根据客户的具体需求才能确定。

营销者应该明白一点，即便在同一个领域，不同的客户也会有不同的需求，而视频内容正是根据客户的需求来制作的。不同的客户群体喜欢不同的内容，而不同的内容恰恰又可以吸引不同的客户群体。也就是说，在确定内容的时候，要衡量一下自己的内容是否符合客户的需求。如果符合客户的需求，那就去做；如果不符合客户的需求，那就换个方向做其他的内容。

对于很多抖音和快手的用户来说，制作令人满意又吸引人的视频，是一项十分困难的事情。实际上，制作更加契合客户需求的内容，并非没有简单的做法。通常来说，可以通过以下几个渠道去挖掘。

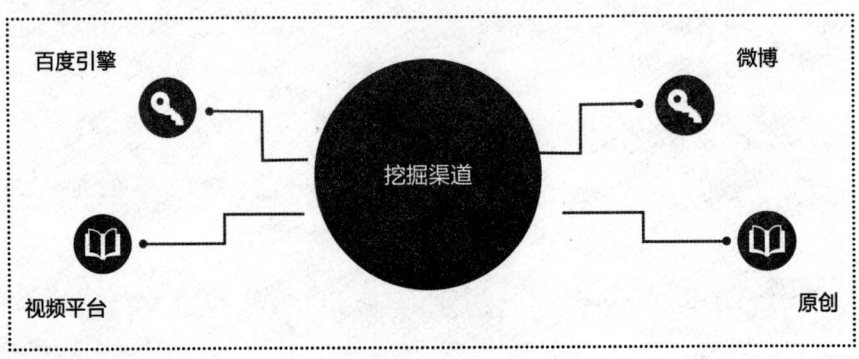

图2-2　短视频内容的挖掘渠道

1. 百度引擎

在百度搜索引擎上，可以搜索到很多有用的资料和信息。当营销者锁定客户群体和营销领域之后，可以在百度上展开相应搜索，去发现与客户群体有关的新闻、资讯、热点等，借助发现的热点内容，可以进一步缩小客户需求范围，从而更加精准地展开营销，更高效地实现营销目标，获取销售利益。

2. 微博

微博展现的是个人的生活、工作、情绪变化等，通过关注客户群体的微博，可以发现他们的喜好、习惯、关注点等，以便在最短的时间内抓住营销重点，为客户提供更加及时、满意的视频产品。

3. 视频平台

在目前的市场上，各种视频平台交相辉映，它们之间互相学习和竞争。尽管抖音和快手处于领先位置，但这并不意味着其他平台的视频和营销没有借鉴意义。通过浏览和观看其他平台的短视频，可以更快地找到与自己的客户群体相似的群体，并根据这些群体的共同特点去创作更加符合客户需求和定位的视频产品。

4. 原创

常常关注短视频平台的人会发现，在各个平台上有很多创意相似的短视频。很多人只是在模仿其他用户，拍摄的视频中并没有个人的创意。这样的视频充斥短视频平台的话，会让观众失去新鲜感，自然不会给予过多的关注。而那些原创性的短视频，不仅有制作者的巧妙构思，也充满了独特的个人魅力。这种类型的视频虽然创作难度大，但是对观众的吸引力更大，更容易积累粉丝。

短视频产品的定位，主要取决于客户群体的定位。客户需要什么样的视频，就制作什么样的视频，这是内容定位的重要法则。只有那些能够满足客户需求、让客户感觉满意的短视频，才能得到客户的关注，才能吸引客户变成粉丝，进而逐步实现粉丝流量的变现，从短视频营销中获得红利。

▶▶▶ **网红语录**

1. 银行卡的余额可以变，男朋友可以变，但是999的口红色号不能变。

2. 对于创作者而言，除了脑袋里要有想法，也一定要爱好表演，为了挣钱去拍的作品是"死"的。

第
三
章

倾注精力，先把账号养起来

◎设置账号的常见问题

◎不可不知的抖音、快手功能

◎快速养号，点赞比发视频更重要

◎养号的十个重要实战技巧

设置账号的常见问题

想在抖音和快手平台上吸引粉丝、获得流量，首先要有一个自己的阵地——账号。先设置一个账号，才能发布自己的视频，这一点相信每个人都很清楚。但是，并不是每个人都知道如何设置账号。

有的营销者认为，设置账号是一件非常简单的事情，只要按照平台的指示操作即可。实际上，在设置账号的过程中，有许多问题需要解决。比如，应该选择什么样的头像？怎么写自我介绍？什么样的昵称更受欢迎？要做哪方面的视频内容？如果这些问题没有考虑清楚，就会给未来的账号运营带来很多的麻烦。

要知道，设置账号是在抖音和快手平台上做运营的第一步，也是奠定基础的一步，此后的运营工作都将以此为出发点。如果营销者对账号设置工作不加重视，随意地注册一个账号，那么后续就将遇到重重难题。尽管抖音和快手是两个不同的平台，但在设置账号方面两者有很多相通之处。下面简单介绍一下在设置账号时需要思考和解决的一些问题。

在设置账号之前，要有整体规划的思维。营销者需要对营销的全过程有一个全盘的规划，对于账号运营过程中可能遇到的问题，也要有一定的预判。其中包括：想要做一个什么类型的账号？运营账号的最终目标是什么？哪些举措有利于账号的顺利运营？……这些问题，都需要营销者做好预案，做到心中有数，才能更好地展开运营。

在确定整体基调和大的方向之后，营销者需要为账号内容定下方向。

究竟是走幽默路线，还是介绍生活窍门，抑或是做文学内容？解决这些问题的过程，就是确定账号类型的过程。一旦确定了将要发布的主要内容，就不宜轻易改变。

除了确定整体基调和视频类型，其他一些细小的问题，如昵称、头像等，也要逐个确定下来。无论做出怎样的选择，都要明确一点，那就是账号设置中解决的所有问题，都是为账户的良好运营服务的。一切都要以打造精品账户为出发点。只有坚持这一点，解决问题的过程才是有意义的。

在抖音和快手上，各种类型的账户和短视频都有很多。可是有的账户有数百万的粉丝量，有的账户却鲜有人关注。在各种影响因素之中，账号的设置就是其中一个。账户设置得好，对吸粉和引流就有促进作用。反之，账户就会缺乏关注，难以在抖音和快手平台上产生影响力。

 **网红语录**

1. 我给你起个外号，你能省下过亿的广告费。

2. 随便给我个人，都可以成为名人，这是游戏中的游戏。

3. 一年四季都有得忙，一年四季都会有收入。

不可不知的抖音、快手功能

短视频带来的诸多红利，正吸引越来越多的人投身这一领域，而且，越来越多的人开始借助这两个平台实现自己的目标和计划。

有些人希望借此成为网红，有些人希望在此达成销售目标，有些人希望在这里结识更多的朋友，有些人希望在这两个平台上获得利益……无论最终目标是什么，想要达成目标，只有一个方法，那就是获得粉丝，赢得流量，最终通过流量变现，成就自己。

当然，做到这一切的基础，就是充分了解抖音和快手的常用功能，并在实践中做到融会贯通。

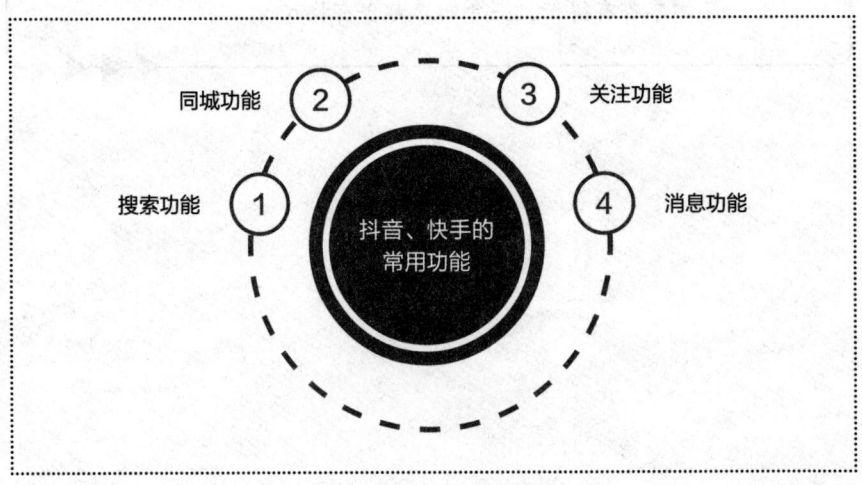

图3-1 抖音、快手的常用功能

1. 搜索功能

抖音和快手的搜索模式，能够帮助用户迅速找到自己关心的视频内容。在推荐视频的页面上，点击那个放大镜的图标，就能实现搜索。

对于用户来说，这一功能可以实现精准定位，他们想看什么就可以直接搜索；对于视频发布者来说，他们可以借助这一功能让观众发现自己的视频标题。

2. 同城功能

在抖音和快手平台上，都有同城这一功能按钮，只要打开定位并点击进去，就可以发现附近的抖音或快手用户，在这里，可以查看对方的粉丝数量、点赞数等数据。

借助这一功能，用户可以发现距离自己较近的抖音或快手账号，进而互相加为好友，从线上联系发展到线下联系。通过这一方式，可以增加自己的粉丝数量。

3. 关注功能

在抖音和快手平台上，都有关注功能。在这里，用户可以找到自己关注的账户，并查看账户的动态，了解这些账户发布的内容，实现快速为自己关注的账号点赞、评论等。

关注是一个十分重要的功能，它为我们节省了寻找视频的时间，还降低了错过关注账户的内容更新的可能性。当然，我们的粉丝也可以通过这一功能来关注我们的状态变化。

4. 消息功能

在消息功能下，可以查看粉丝、点赞数、评论等的变化，随时可以掌握自己所发视频的反馈情况。同时可以在这里实现与粉丝的及时互动，拉近与粉丝之间的关系。

抖音和快手的常用功能，是用户运营抖音和快手账号的基础所在。了解并掌握这些功能，就能进行最简单、最常规的操作，这是运营账号和做短视频营销的根基，绝对不能忽视。

 **网红语录**

1. 传统电商不够直观，不能真正让人们对你的东西产生信任和兴趣。

2. 说干就干，这是我儿时的梦想，再不干就老了。

3. 原来我的生活也是值得分享的，原来很多人对大山里的生活很感兴趣。

快速养号，点赞比发视频更重要

有许多刚刚进入短视频领域的人通常会走进一个误区：注册账号之后，便不停地发布视频。在他们看来，只有通过视频，才能引起观众的注意，这是赢得粉丝关注的唯一途径。

通过视频去吸引观众，这一点毫无疑问是对的。但是，在养号阶段就频频发布视频，这并不是最好的方法。毕竟，刚刚开始玩抖音和快手的人对平台的规则、观众的喜好等，都没有充分的认识。最明智的做法，应该是从为别人点赞和评论开始。

点开一条短视频并坚持看完，然后点赞和评论。如果你给出的评论十分到位，那么就会有其他粉丝为你的评论点赞，随着点赞数的增多，你的账号热度就会随之上升。也就是说，为别人点赞和评论，有利于实现引流，这对于养号是非常重要的基础。

1. 点赞背后的平台算法

无论是抖音还是快手，都有其平台的推荐算法。而平台衡量一条短视频是否受欢迎，就是通过其点赞率、评论率、转发率和完播率来判断的。也就是说，点赞和评论对一条短视频能否成为热门视频具有十分重要的意义。

了解这一点之后，运营者就该明白：如果在养号阶段只是一味地发布视频，而无法获得点赞和评论，其实就是在做无用功，对于账号的后期运营并没有什么帮助。

2. 点赞带来的好处

之所以要养号，就是要让自己的账号慢慢吸引粉丝，待蓄力之后能在平台上占有一席之地。通过给别人点赞，能够让运营者获得好人缘。在传统社会中，人与人之间的交往是通过互相拜访来实现的。而现在人们之间的沟通可以通过网络来实现。但是无论以什么方式交往，互相欣赏和赞美都是其中不可或缺的重要因素。

在抖音和快手平台上，为别人点赞正是一个扩大交际网的好方法。当我们为别人点赞时，别人反过来也会给予我们关注，甚至给我们点赞。随着交际网的不断扩大，我们运营的账号也就有了更多粉丝和流量。

当然，我们并不需要给所有的热门视频点赞，而是要根据自己的定位和想要涉足的领域，在一定的范围内有选择性地点赞。这样做的针对性更强，能够得到的反馈也更加有益。

3. 为评论点赞

一般情况下，热门短视频的点赞数都不会少，多的甚至会有数百万的点赞数。在这种情况下，如果只是为视频点赞，往往很难得到别人的关注。所以，我们可以选择为一些评论点赞。

为热门评论点赞

热门评论的曝光率通常很高，这样做可以在一定程度上提升自己的曝光率

为知名评论者点赞

专家、学者、明星等知名评论者往往自带流量，为他们的评论点赞，也能提升自己的曝光率

为呼吁性评论点赞

一些呼吁性的评论（如"为医护工作者点赞"等），往往更容易引来人们的关注和呼应，给这样的评论点赞，得到评论者和其他观众关注的概率更高

图3-2　可供点赞的评论类型

　　在养号阶段，运营者的主要工作是，在了解抖音和快手平台运行规则的前提下，为自己的账号积累人气。要记住，积累人气、赢得粉丝，并不是只有通过发布视频才能实现。为别人的账号点赞，也是一个很好的获得关注的方法。

 **网红语录**

　　1. 人们总是喜欢被别人赞赏，而且真正的发自内心的赞赏弥足珍贵。

　　2. 所有过去精彩的文字内容，都可以用视频的方式重新演绎一遍。

养号的十个重要实战技巧

根据过往的经验，养号是一项长期的工程。在这个过程中，运营者需要耐住性子，一步一个脚印地做好运营的基础工作。如果操之过急，不打好基础，那么后期的运营将会遇到很多麻烦。

在养号的初期，运营者只是一个刚刚入门的新手，对很多规则和方法并不了解，所以需要从最简单的工作开始，逐渐对短视频运营产生准确的认知。下面，介绍十种在养号前期可以用到的实战技巧。

1. 上传清晰的头像

头像就像运营者的名字一样，是运营者最重要的符号之一。想在最短的时间内给用户留下深刻的印象，上传一个清晰的头像是很重要的。

2. 每天使用账号

想要引起用户的关注，账号就必须保持一定的活跃度。每天使用账号，并持续一定的时间，这样才有可能看到更多精彩的视频，获得更多与别人交流的机会。而且，使用账号的时间要尽量固定，这将有利于粉丝与自己交流。

3. 观看同类视频

观看同类视频，可以发现竞争对手的优势和缺点，经过整理和总结之后，再去拍摄自己的视频，更能扬长避短，占据主动的可能性更大。

4. 点赞和评论

点赞的好处，无须赘述。通过点赞和评论，为自己的账号积累人气，这是运营账号过程中一个实用且高效的技巧。

5. 适当转发

当看到品质很高的短视频时，可以适当进行转发。当其他观众同样认可这个短视频时，就会对你的账号加以关注。通过转发来扩大自己的影响力，这是一种很实用的方法。

6. 关注别人的账号

看到自己喜欢的视频时，积极关注这个账号，通过这种方式，不仅能够快速找到自己喜欢的视频，还能在对方"回关"时获得粉丝数的增加。

7. 及时回复评论

对于账号运营者来说，粉丝数量的多少和流量的大小是衡量运营成功与否的重要指标。当看到粉丝的评论时，一定要及时给予回复，这样能让粉丝感受到运营者的关切，对稳固双方的关系有很大的益处。

8. 观看直播

有些初入短视频行业的人，会错误地认为直播和拍摄短视频并没有什么关系。实际上，能在直播间里持续观看的人，都是对直播内容感兴趣的人，在这里，可以找到很多志同道合者，将他们变成自己的粉丝相对容易一些。

9. 给人气主播送礼物

在条件允许的情况下，给人气主播赠送一些礼物，不仅是对主播的赞赏，也是扩大账号知名度的一个技巧。一旦人气主播对打赏的账号给予关注，那么主播的粉丝也会被吸引过来。

10. 尝试发布优质视频

养号的最好方法，其实是创作精彩的视频，用产品吸引观众、留住粉丝。可是在养号的最初阶段，由于运营者对整个流程并不熟悉，所以运用这个技巧还有一定的困难。运营者可以尝试制作优质的视频进行发布，不要求数量，但一定要确保质量。

对于刚刚涉足短视频营销行业的新手来说，想在极短的时间内就引来数百万粉丝的关注，这是一个很难实现的目标。虽然抖音和快手平台上也有一夜爆红的案例，但并不是每个人都有这样的机会。对于大多数普通运营者来说，从养号开始，脚踏实地地走好每一步，才是最好的选择。

 **网红语录**

1. 成功来自大胆想象，大胆投入，大胆实干。

2. 有时候经验越多，那口井（固有思维和所谓经验）就越深，越不容易接受新鲜事物。

3. 一路走过来，反倒不觉得有多难了。

第
四
章

高效运营，打造百万粉丝账号

◎内部运营：以客户需求带动完善更新

◎外部运营：寻求合作，资源共享

◎账号运营：有特色、有技巧地玩转营销

◎数据运营：研究个人账号，也要分析对标账号

◎用户运营：关注粉丝，实现增长

内部运营：以客户需求带动完善更新

在抖音和快手引爆营销市场的今天，很多人已经意识到短视频营销的重要性。而在这之前的很长一段时间内，这是难以想象的。因为，短视频平台最初只是一种分享和社交的工具而已。

随着短视频的火爆发展，它已经成为很多人生活的重要组成部分。在抖音和快手平台上，每天都有数以亿计的用户在浏览和观看视频，而且用户群体的数量越来越多，年龄跨度越来越大。因此，如何在数量庞大、年龄迥异的用户中发现商机、获得利润，这非常考验营销者的运营功力。

在很多想通过抖音和快手做营销的人看来，内部运营是抖音和快手平台的事情，与自己没有什么关系。这种想法不仅是错误的，还是许多人无法成功营销的根源所在。抖音和快手平台，当然有它们自己的运营规则，而且抖音和快手用户必然要遵守平台的相关规定，这是在抖音和快手平台做营销的前提条件。

进一步来说，只要了解内部运营机制，做到知己知彼，就更有可能从中发现高效的营销方法。比如，抖音和快手平台对原创视频更加看重，往往更愿意引导用户进行创作，而且对这类视频会给予鼓励。根据这一点，我们就有理由相信，原创视频比那些模仿别人创意的视频更容易获得平台的支持。不仅如此，平台用户也更愿意看到一些有创意的、构思巧妙的短视频。也就是说，多多构思，利用自己的创意去制作营销视频，不仅可以得到抖音和快手平台的更多支持，也能赢得其他用户的更多关注。

对于营销者来说，在遵守平台规则的前提下，根据客户的需求去持续更新和完善自己的营销视频，这是内部运营的常规操作之一。毕竟，在如今的短视频平台上，每天都有数以亿计的短视频被发布出来，每天都有无数的发布者等待上热门，这是一场十分激烈的竞争。也许只需一分钟的时间，某些短视频就会被湮没在众多新的营销视频中。如果不能持续发布新的视频，就无法赢得其他用户的持续关注，这就会让粉丝逐渐转向关注别人，"掉粉"自然难以避免。

做好内部运营，基本的准则是遵守平台规则，其次是以客户需求为导向。客户需要什么样的视频，就去制作什么样的视频。满足客户的需求，主动完善和更新，让客户持续看到有创意的短视频产品，会让客户看到营销者为客户考虑的态度，并对营销者的账户一直保持关注。只要能留住粉丝，就有获得转发、传播的可能性。对于营销者来说，这种运营方式不仅节约成本，还能带来更多的收益。

 **网红语录**

1. 学习乐器可能不会给人带来多少物质上的回报，但是能满足精神上的追求。

2. 那一刻，我觉得我做了一件无比正确的事，自己的人生价值仿佛得到了升华。

3. 所有优秀同行的视频内容，都可以用自己的方式重新演绎一遍。

外部运营：寻求合作，资源共享

如今这个时代，各种竞争异常激烈，想要脱颖而出并非易事。尤其是在短视频市场上，由于门槛低、流量大，想要成为佼佼者更是难上加难。

不可否认，在短视频平台上确实有很多一夜爆红的草根网红，可是他们想要长期红下去，甚至想要通过自己的账号展开营销，仅仅依靠自己是完全不现实的。因为短视频营销是一个复杂的综合性活动，并不是单纯地拍拍视频那么简单，还要有后期制作、剪辑，产品推广，营销活动，等等。这么一个庞大的工程，让一个人全部做完，确实有些强人所难。

不夸张地说，在运营抖音和快手账号的过程中，想要凭借一己之力就占据一席之地甚至独占鳌头，基本是无法实现的。

既然仅靠自己无法实现营销目标，那么寻求外部合作，与别人资源共享，大家一起分享营销红利，就是一个行之有效的运营方法。简单来说，就是做好外部运营，借助外力来做好自己的营销。

通常来说，有以下几个外部运营的策略。

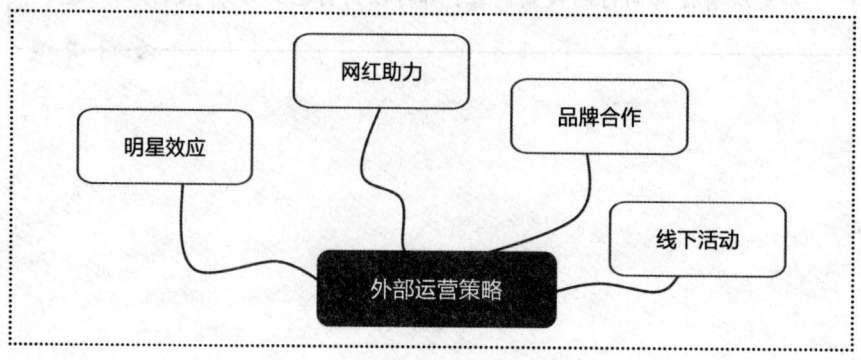

图4-1　短视频营销的外部运营策略

1. 明星效应

在这个流量为王的时代，很多明星借助流量瞬间爆红，"流量小生"之类的称谓也成为代表明星身份的重要标签之一。很多自带流量的明星只要出现，就会带来无数的话题和关注。如果能和这样的明星合作，利用他们本身就有的巨大流量，往往可以对营销活动产生巨大的推动作用。

2. 网红助力

在短视频平台上，有很多粉丝数量达几百万甚至上千万的网红，他们能够带动的粉丝和流量是非常可观的。与网红展开合作，让网红参与到营销活动中，会增加营销活动的关注度，在短时间内积聚大量的人气，促使营销活动变得更加顺畅。

3. 品牌合作

即便在如今这个产品多如牛毛、厂家如雨后春笋般出现的时代，人们对品牌的信任度依然不减分毫。客户只是改变了以往的购物方式，从线下购买转到线上购买，但他们对品牌的追求始终未变。如果能和相关领域内的著名品牌合作，那么营销效果将会大大提升，最终能够获得的利润也会非常可观。

4. 线下活动

如今的短视频营销，已经不单单是从线下转到线上，线上同样可以转到线下，通过举办线下活动，去让更多的人了解自己的营销，知道自己的账号，这是线上与线下融合的一个重要手段和表现形式，也是短视频营销未来发展的方向。

当一个人无法完成一项工作时，最好的办法就是寻求与别人合作，实现共赢。这一准则无论在以前还是现在，无论在线下还是线上，都是有效的。与合作伙伴共享资源，并不是把自己的资源拱手相让，而是让双方的资源得到最大化的利用，从而获得最大化的利益。

▶▶▶▶ 网红语录

1. 快手更像一个大号的朋友圈，这个朋友圈面向的是全世界，是天南海北各式各样的人。

2. 找准自己的定位，才能做出对的内容。

账号运营：有特色、有技巧地玩转营销

　　做抖音和快手账号，并在这两个平台上做营销，一定要有明确的账号运营策略，也要清晰地知道自己想做的产品或服务定位于什么领域，想要吸引什么样的群体，以及客户群体有什么喜好，对哪些短视频内容更感兴趣，等等。

　　无论是企业做营销还是个人做营销，想要在竞争激烈的短视频平台上站稳脚跟甚至蓬勃发展起来，都不是一件轻而易举的事情。很多人玩抖音、快手就是为了引流变现，实现营销的目的，而有特色的视频，往往更容易吸引客户，更精准地获得流量。

　　在巨大的流量面前，数量众多的创业者涌入短视频营销行业。无论是经过精心包装的专业团队，还是靠着一部手机走进这个行业的普通人，每个人都有相同的梦想，那就是在平台上走红，最终分得短视频营销红利的一杯羹。尽管不同平台、不同领域、不同年龄的人打造的短视频千差万别，但在账号运营方面，还是有相通之处的。

1. 账号定位

　　关于如何做好账号定位，这里不再多讲。但是有一点必须要明确和谨记，那就是账号定位是做好账号运营的基础所在。随着抖音和快手平台的用户数量不断攀升，各行各业的人都已经意识到短视频营销所能带来的巨大商机。为了在这个市场中分得红利，就要认真仔细地研究市场，锁定一个最利于营销的账号。

2.复制热门视频的模板

很多人刚刚进入短视频营销这一领域时，对它并没有十分清晰的认知，对于如何创作吸引人的短视频，也没有相应的准备和对策。在这种情况下，复制热门视频的模板这一拍摄方式，可以成为营销者的首选。

3.做原创视频

如果只是复制别人的模板，跟着别人的思路走，那么永远都只能跟在别人身后，想要获得关注乃至成为热门，是非常困难的事情。只有在逐渐熟悉短视频制作流程的过程中，慢慢摸索出属于自己的制作思路和模式，做自己的原创视频，才能展现自己的特色，进而吸引粉丝和流量。

4.多个账号同时发力

当精力足够或是有足够人手运营多个账号的时候，可以尝试在不同的领域设置不同的账号，多个账号共同发力，形成多账号矩阵，这样几个账号就可以互相扶持，相互引流。这种运营方式，可以最大限度地降低运营风险，降低运营压力。

在抖音和快手平台，账号运营的方式和技巧有相通之处，但是具体操作的时候，要根据平台的具体情况采取相应的措施。几种常见的运营策略，也要根据实际运营情况进行微调。比如，当运营者发现平台上模仿热门的视频过多时，就不要再盲目跟随，可以适当改变一些场景、道具等，以便与同类视频做出差异。只有这样，才能满足客户的猎奇心理，比竞争者获得更多的关注。

▶▶▶▶ **网红语录**

1.只有和别人做得不一样，才能走在前面。

2.我只是说服自己，只有爱是不够的，还要能填饱肚子。

数据运营：研究个人账号，也要分析对标账号

在每一个平台数据的背后，都有一个巨大的数据运营的产业链，抖音和快手自然也不例外。只不过，数据运营这种手段，只有自媒体的从业人员或是短视频营销的老手才比较熟悉，那些刚刚涉足这一领域的新用户则所知甚少。

简单来说，数据运营和拍摄短视频的道理是一样的。只不过，短视频是借助手机、相机等工具将每一帧画面记录下来；而数据记录的则是用户每一次观看短视频的行为和反馈。利用数据，运营者可以发现观众的喜好、评价、期待等，并在此基础上对短视频的创作进行改进和优化，以便制作出更加符合观众需求的短视频产品。所以，对于短视频创作和运营，数据都具有十分重要的参考价值。

随着越来越多的个人和企业涌入短视频营销领域，短视频营销的红利正被瓜分得越来越薄，做营销的难度也越来越大。对于投身这一领域的任何一个人和任何一家企业来说，只有进行更加精细化的运营，才能抢占市场的先机。而精细化运营的基础就是数据运营。利用数据，对市场和观众进行细致的划分，以数据为依据，做出最佳的营销方案和策略，这是短视频营销的发展之路。这也就意味着，数据运营将在短视频营销中扮演越来越重要的角色。

做数据运营的过程中，分析数据是非常重要的工作。一般来说，它的基本要求如下。

定期复盘

· 对于短视频的播放量、点赞数、粉丝互动情况等数据，要定期进行复盘，分析流量增加或减少的原因并与竞品账号进行比较

因素分析

· 一个短视频能带来多少流量，与很多因素都有着密切的关系，如内容、主题、风格、服装、道具等，通过分析这些因素找到薄弱点

客户分析

· 研究全网同类型的账号，分析客户整体特征，针对目标客户进行个性化的内容制作和输出

平台政策分析

· 不同的平台会有不同的政策，分析平台政策，研究平台对于同类账号的推荐权重，可以更加精准地对营销模式进行优化

图4-2　数据运营的工作要求

从以上几条基本要求不难看出，数据运营不仅要分析自己的账号，也要分析对标账号。

通过研究自己的账号，去发现播放量最高、点赞比最高、评论数最高、转发率最高的短视频分别是哪种类型，并以此为依据，在最可能受到用户关注的领域集中发力。

研究对标账号的时候，主要关注账户的粉丝数量、粉丝的变化趋势及短视频的主题、展现方式、拍摄风格等。通过对这些内容进行分析和比较，去发现对标账号和自己账号的区别所在，从而挖掘出营销成败的根源所在。

在营销实践中不难发现，很多人对数据运营并不在意或是了解得不够深入。很多人都觉得对自己的账号非常了解，实际并非如此。如果只是单纯地了解一些数字，而不对数字背后的深层次原因做出分析，那么这些数

字根本就没有意义。

比如，同样一个视频，如果分别放在抖音和快手平台上，吸引的粉丝数量和点赞数量可能差距很大。如果只是单纯地看数字，就认定这个视频受欢迎或者不受欢迎，那对这个视频的判断就是不准确的。如果从客户群体的角度去挖掘深层原因，就不难发现，正是因为这两个平台的用户群体本身就有差异，所以对视频的接受程度自然也不一样。仅从这一个侧面，就能反映出进行数据分析的重要性。

数据运营看似非常深奥难懂，但是只要掌握其中的重点，透过数据去挖掘深层次的营销手段，就能通过这个工具找到更高效的营销方法。

▶▶▶ 网红语录

1. 在学习上不肯钻研的人是不会提出问题的，在事业上缺乏突破力的人是不会有所创新的。

2. 我的脑子里只有一件事情，那就是把见到的任何东西卖出去。

3. 做生意是个纯思维的东西，只不过很多人不愿探索，不喜欢新鲜事物。

用户运营：关注粉丝，实现增长

用户运营的核心内容，就是对用户进行精细化的管理。这种精细化的管理，当然不可能在短时间内形成固定模式，而是需要长期与粉丝进行沟通和互动，在这个过程中逐渐形成的。

通常来说，这个过程可以分为如下三个阶段。

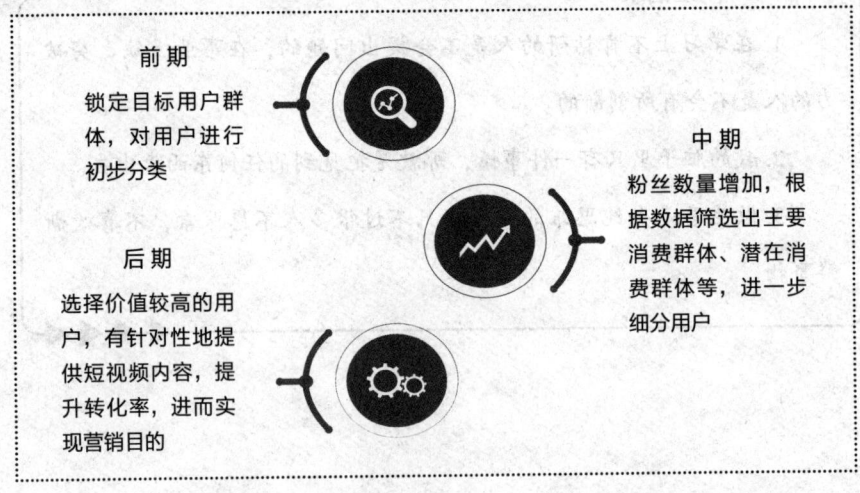

图4-3　用户运营的三个阶段

在不同的阶段，要对用户进行分类并采取不同的沟通方式。但是做这一切的前提是对用户保持尊重和重视。当然，这种尊重并不是说要讨好用户，也不是毫无底线地满足用户的要求，而是要和用户积极沟通，和用户成为朋友，让用户成为自己的粉丝，乃至于将粉丝团结起来，形成一个专属的社群。通过这个社群不断扩大账号的影响力,吸引越来越多的粉丝加入其中,就像滚雪球一样,让自己的营销效果成倍增长。

做用户运营,目标无非以下四个。

(1)与用户建立更加可靠的关系,提升信任度。

(2)提升用户的忠诚度,获得更多的粉丝。

(3)展现账号的专业程度,吸引用户给予更多关注。

(4)扩大账号的影响力,获得平台更多的资源,以及用户流量。

为了顺利达成上述四个目标,往往需要在以下三个方面发力。

1.增加与用户的互动

在用户运营的过程中,要给予用户多维度、多层次的刺激,通过与用户的有效互动,来赢得用户的持续关注。比如,可以通过赠送礼物等来吸引用户观看和点赞。

2.适度地更新视频

在这个科技极度发达的时代,海量的信息充斥网络。在短视频平台上,各种视频也以难以想象的速度不断更新。适度地更新视频,给用户新鲜感,这是用户运营中的一条重要法则。所谓适度,一般认为每周发布2~3条即可,如果更新速度过快、频率过高,很可能会让用户觉得视频的制作不够用心,进而产生失望的感觉。

3.积极回复

想要做好抖音和快手营销,用户至上是必须遵循的准则。当用户对视频做出评价时,应该积极、及时地给予回复,让用户感受到自己受到了重视和尊重。在这种心态的影响下,用户会更加愿意关注营销账户。

进行抖音、快手账号运营的最终目标,是要实现营销。为了这一目标,自然要尽量满足用户的种种需求。只有更多地关注粉丝,才能有效地实现销量的增长。

 网红语录

1.被人关注，是别人信任你的表现，把自己不了解的产品介绍给别人，是不负责任的。

2.无论经济好坏，人的爱美需求不会变。

3.随着你对头脑投入的增多，它能够创造的财富也越来越多。

第二篇
内容制作篇
DIERPIAN NEIRONGZHIZUOPIAN

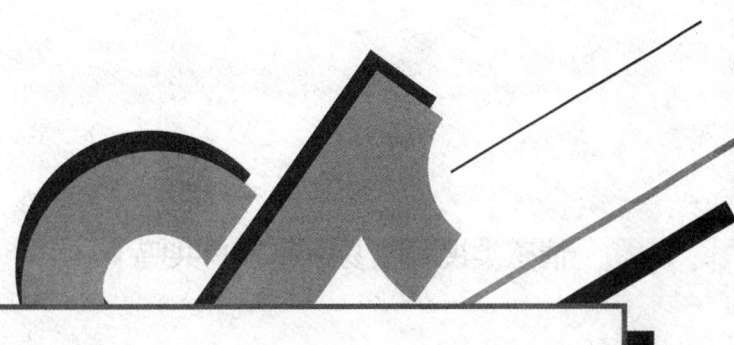

第五章　巧妙构思，导演思维是制作短视频的基础

◎情感类视频更易引起客户共鸣

◎戳中痛点，才能吸引客户

◎剧情反转，令客户青睐有加

◎音乐和舞蹈，抖音、快手营销的"重型武器"

◎幽默短视频，粉丝减压寻乐的载体

情感类视频更易引起客户共鸣

抖音和快手平台，是普通人记录生活的阵地，每个人都可以在这里充分展示自己。这里不仅能记录生活的点点滴滴，还能记录自己的情绪，开心、愤怒、激动、压抑、悲伤等，都能在短视频中展现出来。

而这种真实情感的表露，正是吸引观众的重要原因之一。人毕竟是有感情的动物，对情感的需求和感受也更加深刻一些。也就是说，情感类的视频往往更容易打动观众，更容易获得粉丝的关注。

同样的道理，在抖音和快手平台上做营销，也可以更多地运用情感类的视频去引起客户的共鸣，达到吸引粉丝的目的。

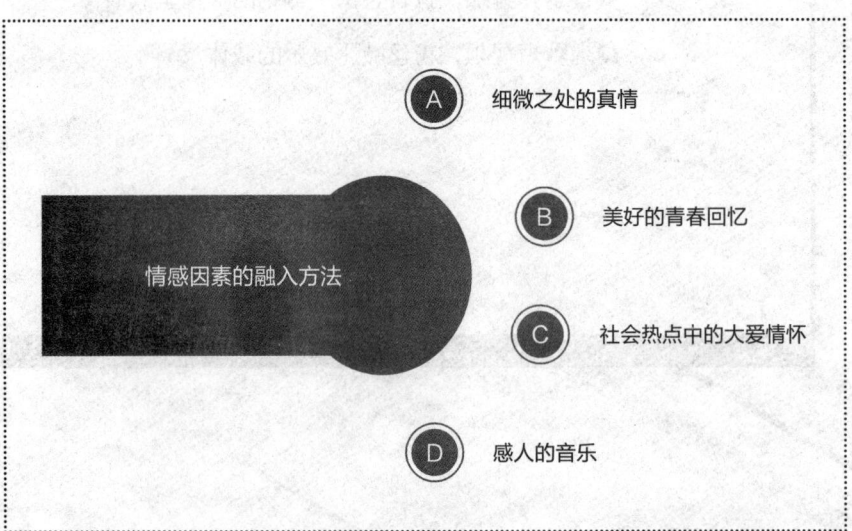

图5-1　情感因素的融入方法

1. 细微之处的真情

很多人觉得，热烈的情感表达更能吸引人，所以他们喜欢用一些稍显夸张的方式去拍摄视频。殊不知，那些轰轰烈烈的爱情和跌宕起伏的情感变化，往往只存在于书本和影视剧中。在生活中，细微之处的情感流露才更加真实，更能吸引观众的目光，也更容易让观众产生共鸣。

在抖音和快手平台上，就不乏日常生活中简单的情感记录。比如，对外卖小哥表示真诚谢意，向一线医生表达敬意，等等。尤其是在灾难面前，这种互相支持和尊重的情感表达，更是让人深受感动。

2. 美好的青春记忆

每个人都有值得回味的青春，而且青春记忆大多是十分美好的。每当人们回想青春时，总会产生情感的波澜，产生无限的感叹。很多人都渴望回到懵懂的年纪，享受那时的快乐生活。尤其是随着年龄的不断增长，人们会越来越多地回想美好的青春。这种回忆不仅不会随着时间的推移而淡化，反而会越来越清晰。抓住这一特点，以怀念青春作为情感的输出口，通常可以引来大量的围观。

3. 社会热点中的大爱情怀

随着科技水平的进步和手机等设备的广泛应用，各种信息传播的速度也越来越快。有时候，在短短的半个小时之内，一则信息就可能成为社会热点。多多关注社会热点，进而发现其中蕴含的大爱情怀，并在自己的视频中宣扬和赞美这种大爱，通常可以让观众感受到视频发布者的内心感受和美好情感。以此作为契机展开相关营销，往往可以打动观众，让观众在真实的感动中变成粉丝甚至客户。

4. 感人的音乐

情感视频的制作不仅需要感人的内容，也需要感人的音乐加以衬托。音乐的作用不仅是作为陪衬，优秀的配乐还能够更好地为主题服务，可以更深切地表现制作者的真实情感。它与视频内容相辅相成，营销者千万不能忽视。而且，在情感类视频中，最好选择一些观众耳熟能详且节奏舒缓的音乐，这样才与视频更加契合，才更能拨动观众的心弦。

人们对于情感的追求，是生命中永恒不变的主题之一。无论是亲情、爱情，还是友情，每一种情感都是生命中不可缺少的一部分。正因如此，情感类的视频才更容易让客户产生情感和心理上的共鸣，对客户产生更大的心理影响。

所以，在思考短视频内容时，要将情感作为重要的组成部分，以情动人，用心感人，这是赢得客户的有效方法之一。

▶▶▶ **网红语录**

1. 直播四年，收到过很多留言，有人见证了我从无名小卒蜕变至今，也有人用一句话就否定了我所有的努力。表面的光鲜，永远是背后数十倍的努力换来的。

2. 老铁们的留言让人感动，他们更看重原汁原味的底层生活日常。

戳中痛点，才能吸引客户

在抖音和快手平台上，每天都有大量短视频被用户发布出来。但是，有的视频能够成为热门，受到广泛的关注，而有的视频却无人问津，如石沉大海一般被湮没在众多短视频之中。为什么会出现这种截然不同的情况呢？原因其实很简单，因为后者并没有戳中观众的痛点，无法让观众产生共鸣。

发现痛点，解决痛点，这是很多营销者都知道的一个成功营销的关键。可是，能真正戳中客户痛点的人并不是很多。实际上，对于营销者来说，从以下几点入手，就能轻松戳中痛点，吸引客户。

1. 借助痛点思维，给客户更好的体验

要想戳中痛点，首先要知道痛点是什么。那么痛点是什么？简单地说，痛点就是客户最急切的需求，是能够引发他们共鸣和认同感的产品。

借助痛点思维，就是以寻找客户的痛点为营销准则，挖掘客户最急切的需求，尽最大的可能去满足他们的需求。一旦客户能借助产品获得足够好的体验，他们就会得到心理上的满足，进而对产品和营销者产生信赖感。

2. 利用场景产生代入感

很多时候，如果只是抽象地介绍产品，或是单纯地推销产品，往往难以令客户理解和接受。可是，如果能给客户制造一个场景，并将他们带入情境中，那么他们的脑海中就会形成真实的画面，这会让他们对产品产生更加深刻的记忆。

在拍摄营销短视频时，也要给客户制造这样的场景，让客户能融入短视频之中，并真切体会到你想传达的内容和意图。

3. 用真实经历打动客户

真情实感的流露，往往让人难以拒绝。真实经历的表达，往往让客户产生更加深切的亲切感。当营销者将自己的真实经历拍摄成短视频时，客户往往会更容易被打动。

其中的原因很简单，真实的感情是最打动人的。真实经历所带来的感情触动和情感表达，是虚构场景无法比拟的。

在短视频营销领域，随时都有激烈的竞争。想要从众多的短视频中脱颖而出，那么在内容制作方面就要有自己的特色。在构思甚至是构思之前，就要以寻找客户的痛点为基本切入点。如果一个短视频无法戳中客户的痛点，那么耗费再多的时间、金钱、精力，都难以引发客户的共鸣，也就无法对客户产生足够的吸引力。

▶▶▶ **网红语录**

1. 皮影戏最好的呈现方式不是图文，只有视频才能传递它的光影文化。

2. 挑三拣四、拖拖拉拉的人没富贵命。世界，只属于行动派。

◀◀◀

剧情反转，令客户青睐有加

很多观众之所以被悬疑影视剧深深吸引，其中一个主要原因是其中有很多情节的反转。观众很难猜测剧情究竟会怎样发展下去，也就被一直吊着胃口。在好奇心的驱动下，观众会一直认真地观看下去，直到剧情结束，寻求答案的心理才会得到满足。

在抖音和快手平台上，为了制作营销短视频，要适当地融入反转的情节，这样才能将观众的视线抓得更牢，吸引粉丝持续关注和观看视频。在这两个平台上，那些能够引起广泛关注和点赞、转发的视频，除了情感表达类的，剧情反转类的也占据了相当大的份额。

具体而言，制作这种类型的视频可以从以下三个方面着手。

1. 从影视剧中找灵感

很多受观众追捧的影视剧，都有剧情反转的桥段，虽然影视剧相对较长，反转之前的铺垫相对较多，但是其中包含的反转剧情也比较多。从中截取比较有代表性的反转剧情，提炼可用的因素，在这个基础上打造营销视频，不仅省时省力，还能借助影视剧原有的流量推动营销更好地展开。

2. 从生活中寻找素材

所有的艺术，都是来源于生活的。而且在现实中，每个人的生活都是独特而充满戏剧性的，从生活中寻找素材，深入挖掘日常生活中存在的戏剧性场景，不仅能从中发现生活的乐趣，对创作构思巧妙的短视频也具有十分重要的意义。从生活中挖掘出的素材，会让观众感觉更加亲切，接受程度更高。

3. 在结尾处增加关键信息

在制造反转剧情的时候，有一种很常用的方式，那就是在前面进行充分的铺垫，当故事即将结束的时候，突然交代一些关键信息。比较常用的方式有回忆往事、出现标志性动作、重要事件回顾、人物语言交代等。通过这些方式，将剧情推向另一个方向，这样不仅能制造悬念，还能起到让故事更加完整的作用。

构思营销短视频的目的，是赢得观众的认可和关注，进而销售产品，完成销售目标。也可以说，制作出让客户青睐的短视频，这是做好营销的重要前提。为了达成这一目标，在构思和制作短视频的过程中，采用剧情反转的方式，算得上是一种聪明的做法。

 **网红语录**

1.人有一样东西是别人永远都拿不走的，就是你的头脑。

2.成功者其实是失败次数最多的人。

音乐和舞蹈，抖音、快手营销的"重型武器"

抖音的最初定位，就是打造属于年轻人的社交平台。早期用户发布的视频中，有很多音乐和舞蹈类的视频，尤其是抖音赞助《这就是街舞》这一节目之后，抖音平台上的音乐和舞蹈视频的数量更是极大地增加了。这种趋势一直延续下来，虽然现在各种类型的短视频都有呈现，但是音乐和舞蹈类的视频依然受到很多用户的关注。

在快手平台上，音乐和舞蹈类的视频同样不少。尽管快手最初的定位是记录每个人的生活，但是随着用户的增多，以及推广范围的扩大，越来越多的人开始用自己喜欢的方式去记录生活和表达自己。而音乐和舞蹈也成为很多人用视频记录生活的重要选择。

既然这种类型的短视频是这两个平台的主力军，那也就意味着发布这样的短视频将会面临巨大的竞争。但是，这并不是说就不能运用这样的方式进行营销。只要视频有与众不同的特色，那就能吸引用户的关注。

通过观察抖音和快手平台上的此类视频，不难发现一个现象，那就是那些得到数十万甚至上百万点赞的短视频，往往具有以下三个特点。

1. 具有标志性的动作

能够迅速走红网络的舞蹈，一般都有标志性的动作。这种动作是舞蹈的灵魂所在，能给观众留下深刻的印象。只要看到这个动作，观众就会想到整个舞蹈，这就是标志性动作存在的意义。想让观众迅速记住舞蹈动作甚至是发布视频的账号，就要有与众不同的标志性动作，这是区别于其他舞蹈的关键所在。

2.拥有原创性的思维

相对于原创音乐，原创舞蹈显然更容易一些。尽管舞蹈也需要天赋，但是它是有形的东西，自然比音符和旋律更好掌握。做原创舞蹈，其实并不一定要全部靠自己去思考，而是可以参考别人的舞蹈，从别人的舞蹈中汲取灵感。在别人的基础上去创新，显然比完全创新更容易一些。在创作的过程中加入一些自己专属的动作，就能区别于别人的舞蹈。

3.融入了故事情节

最好的短视频拍摄方式，就是给观众讲一个故事。在拍摄舞蹈类短视频时，这一点同样适用。用舞蹈去讲述故事，需要视频制作者发挥自己的聪明才智，用更缜密的构思和表现方式去展现，才能打动观众。毕竟并非所有的观众都对舞蹈有深刻的认识。一旦制作者能够做到这一点，那么打动观众就会变得简单起来。

在抖音和快手平台上发布视频，音乐是十分重要的元素之一。将音乐和舞蹈巧妙结合起来，能够给观众带来听觉和视觉的双重享受，会让观众得到超出预期的观赏体验。当得到双重的美妙享受时，观众自然会给予发布者更多的关注，乃至成为该账号的粉丝。

▶▶▶ **网红语录**

1.音乐来自我们的生活，我认为，生活中有感情，才能唱出很好听的歌。

2.其实许多人的内心都藏着一个音乐梦想。在快手上，这个梦想被放大了。

3.快乐是抵达幸福的彼岸，通过快手，我的幸福变得很简单。

幽默短视频，粉丝减压寻乐的载体

生活在现代社会中，人们每天都承受着巨大的压力。工作压力、贷款压力、生活压力等纷纷压过来，让很多人身心俱疲。

在心理承受巨大压力的情况下，很多人更喜欢用欢笑的方式来舒缓和释放压力，以期保持正常的心理状态。因此，有些人很喜欢相声、小品、喜剧电影等，在一段时间的欢声笑语中，他们的心理压力减缓了许多，又有了继续奋斗的动力。

为了满足人们的这一心理，许多用户在抖音和快手平台上发布了幽默短视频，希望用欢笑的方式来表达生活，用幽默的方式去面对生活中的种种不如意。这种乐观的生活方式，对一些压力巨大的观众来说具有非常巨大的吸引力。而且事实已经证明，很多确实能够制造欢乐的账号，已经拥有了数百万的粉丝。

幽默是生活的润滑剂，是一种无与伦比的能力。很多人并不是不幽默，只是不知道如何表达幽默。在创作短视频的过程中，很多抖音和快手的用户也遇到同样的问题。这并不是一个无法解决的问题，只要遵循以下几点，就可以制作出幽默搞笑的短视频。

1. 制造反差

在相声作品中，幽默元素是必不可少的。相声演员想要逗笑观众，抖包袱是常见的手法。在抖出包袱之前，通常要做许多必要的铺垫，交代重要的因素，铺垫到位之后，再抖出包袱，往往能逗得观众开怀大笑。

在制作短视频的过程中，就可以参照相声逗乐观众的方式，先做好常规的、符合常理的铺垫，再在合适的时候呈现一个有违逻辑、不合常理的结局。这种反差会带来幽默的效果，让观众被视频深深吸引。

而且，在铺垫的过程中，可以借助音乐、特效等，来加强幽默的氛围，前面的铺垫与后面的包袱差异化越强，反差越强烈，越能体现幽默的效果。

2. 拍摄情景短剧或制作失误集锦

在抖音和快手平台上，还有一类制造幽默的短视频。这类视频主要是搞笑的情景短剧或者失误的画面，它们不仅能给观众带来欢乐，还有一定的教育意义，让观众在笑过之余从中得到一些有益的启示。制作这类短视频的时候，不仅要考虑如何让观众发笑，还要构思怎样才能让观众得到更多的益处。

运用幽默短视频展开营销，有一点需要注意：幽默视频并不是单纯地讲笑话，让客户发笑，而是要通过幽默短视频吸引客户的注意力，让客户成为粉丝。

在营销过程中，需要营造与营销主题相契合的场景。再通过表情、肢体动作及适当的夸张手法，来加强幽默的效果，这样才能将客户带入营销场景之中，进而让客户点赞和关注。通过幽默短视频，不仅能给自己和观众带来笑声，还能实现营销的最终目标，可谓一举多得，是一种很好的打造营销内容的方式。

▶▶▶ **网红语录**

1. 全球仅此一套的新华字典，吐血红，来咯！这本字典质地非常厚重，什么都查得到。让你查了一次，一辈子都忘不掉。Oh, my god! 这本字典也太好查了吧！买它！买它！买它！

2. 世界是一张大餐桌，所有好的东西都是靠自己"抢"来的。

第六章 视频制作，爆款营销视频拍出来

◎拍摄短视频的基本流程

◎记住六个原则，拍出好视频

◎掌握短视频拍摄的八大技巧

◎优化封面，吸引观众点击观看

◎专业地发布产品，才能赢得粉丝关注

拍摄短视频的基本流程

抖音和快手的用户数量多达数亿，而且依然处于不断增长的态势之中。随着新用户的不断涌入，短视频的类型和数量也在持续增加。

在这种局面下，很多短视频制作者，尤其是想要做营销的账号运营者，已经不像最初那样只是拍出视频就可以了。很多人开始尝试新的思路，采用新的拍摄方法，以期用新颖的角度和方式去吸引观众的目光。

在内容制作方面的种种尝试，对短视频营销的发展有一定的促进作用。但无论如何改变，仍然是万变不离其宗，短视频的基本拍摄流程都是相通的。这些流程是拍摄的根基所在，只有掌握这些，才有可能在这个基础上更进一步。

通常来说，短视频的拍摄流程如下：

图6-1　短视频的拍摄流程

1.选择背景音乐

想要制作一个更具吸引力的短视频，就要加上背景音乐，这似乎成了一个不成文的规定。在抖音平台上，正是用户频繁地使用和传唱一些歌曲，才使得这些歌曲在很短的时间内变成了"神曲"。因此，很多人在抖音和快手平台上发布短视频时，都会用背景音乐来烘托氛围，从而让短视频呈现更好的效果。

在背景音乐的选择上，用户要根据自己视频的主题和风格做出最好的选择。如果音乐和视频能够实现高度匹配和融合，那么对视频的制作就有巨大的推动作用。

在选择背景音乐时，用户不仅可以在抖音和快手平台提供的音乐中进行选择，还可以自己去搜索热门音乐用于视频中。

2. 拍摄和上传视频

抖音和快手平台上出现的短视频，有的是直接拍摄的，有的则是本地视频上传而来的。这两种方式都可以实现短视频的制作。

上传本地视频，只要从手机中选择相应视频，并截取一段符合平台规定时长的短视频，就可以完成这一步骤。

而直接拍摄的视频，则需要借助手机的拍摄功能来完成。首先，进入拍摄界面，选择合适的背景音乐，通过"翻转"按钮来选择自拍还是拍摄别人。其次，根据个人需求，选择"滤镜""美颜"等功能，获取更好的拍摄画面和效果。再次，根据需求选择拍摄照片还是视频，并制作出符合平台时长要求的短视频。最后，选择合适的封面，给短视频一张美丽的"脸"。

3. 剪辑和加工视频

短视频的后期加工包括剪辑、添加字幕、配音等，这项工作在手机上就能完成。当然，利用视频剪辑大师、爱剪辑等 App 也能完成短视频的剪辑工作。在这些 App 上进行剪辑，首先需要导入视频，然后根据个人需求对视频进行相应的编辑，在最终剪辑完成之后，一段自己想要的视频就呈现在面前了。

在剪辑的过程中，音乐和视频的选择都是比较灵活的，并不是非要从最初开始的时候进行剪辑，而是可以根据个人喜好和需要，从任意一个时间开始剪辑。甚至可以通过跳跃的方式，让视频变得更加灵动。

4. 发布和分享视频

完成视频的拍摄和剪辑工作之后，就可以将它发布在平台上，与平台用户分享了。在发布视频之前，有一项十分重要的工作要做，那就是给视频设置一个恰当的、有吸引力的标题。这样做，不仅能让观众一下看到视频的主旨，还能精准定位，吸引那些对此类视频有兴趣的人前来观看。

一个好的标题，要有热点可追，要便于用户搜索，要对用户有足够的吸引力。这样发布的视频才能更容易被人发现，也更容易获得用户的关注和喜爱。

随着抖音和快手平台的不断更新迭代，短视频的拍摄规则和方式也和以前有了些许不同。比如，抖音最初的拍摄时长只有 15 秒。对于大多数用户来说，用 15 秒的时间拍摄简单的舞蹈或搞笑视频，还是可以做到的。但是，如果想要拍摄情景短剧，15 秒的时间显然不够。正是考虑到短视频形式的多样化需求，抖音平台上目前已经可以拍摄 60 秒的短视频了。这种变化，给用户带来了更多的创作和发挥空间，让短视频的类型越来越多，内容越来越丰富。虽然用户的拍摄方法越来越多，拍摄范围越来越广，可是拍摄的基本流程始终没有太大的改变。

从最简单的拍摄流程开始，逐步深入地摸索不同的拍摄方法和模式，才能更好地了解短视频，进而在短视频营销的路上越走越远。

▶▶▶ **网红语录**

1. 我不专业，但会凭经验告诉他们怎么拿手机，拍出来的视频怎么才能不晃。

2. 我只做一件事，就是不断学习知识。知识多了，能力强了，就会有人主动来找你合作。

记住六个原则，拍出好视频

随着抖音和快手的用户不断增多，越来越多的人开始受到短视频的影响。甚至可以说，短视频已经成为很多人生活中的重要组成部分。

一些人因为喜欢短视频而成为抖音和快手的用户，在逐步摸索中拥有了大量粉丝，成为短视频营销的佼佼者；一些人则为了营销而进入短视频领域，借助各种技巧成功实现营销。无论是以何种方式加入抖音和快手的大家庭，想要拍出好的视频，都应该遵循六个基本原则。

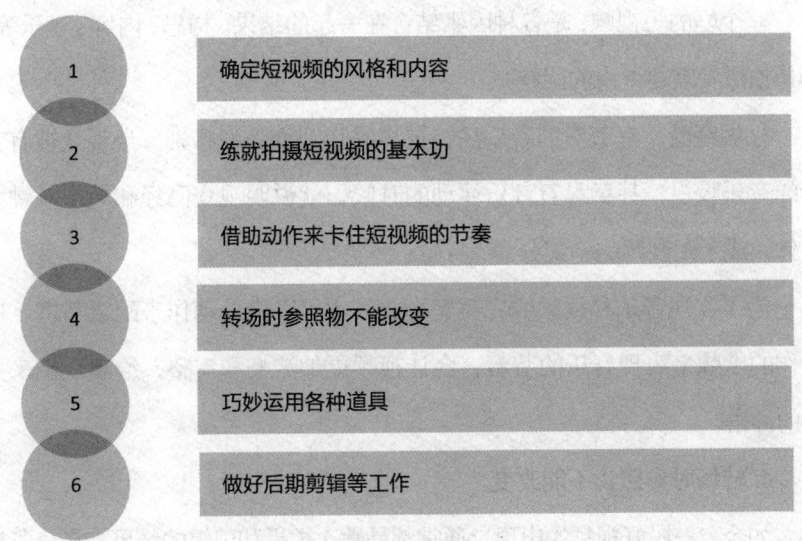

1	确定短视频的风格和内容
2	练就拍摄短视频的基本功
3	借助动作来卡住短视频的节奏
4	转场时参照物不能改变
5	巧妙运用各种道具
6	做好后期剪辑等工作

图6-2　拍摄短视频的基本原则

1.确定短视频的风格和内容

通常来说，在拍摄之前，就应该确定短视频的风格和主要内容。只有做好整体构思，才能为短视频的拍摄奠定基础。即便在拍摄过程中需要进行微调，也不会跳出大的框架，丢掉拍摄的最初目标。

否则，拍摄过程就会变得杂乱无章，毫无规律和进度可循。这样拍摄下去，不要说拍出好视频了，视频最终能否拍摄成功都未可知。

2. 练就拍摄短视频的基本功

由于拍摄简单的短视频，用一部手机就能完成。在很多人看来，这是一个很简单的工作。可是，实际情况并非如此。在拍摄视频的过程中，要保证视频平稳、流畅，就需要拍摄者保持一个稳定的姿势。而且，制作一个好视频，通常需要多次拍摄和剪辑，这就要求拍摄者拥有一定的体力。

在拍摄的过程中，拍摄者需要掌握拍摄的基本知识，要懂得构图、走位等基本功。这些看似简单的知识，有时需要拍摄者长期练习才能获得。

3. 借助动作来卡住短视频的节奏

一个好的短视频，是各种因素结合在一起的结果。构思、内容、音乐等，都是拍摄者需要考虑的问题。

根据经验，有节奏的音乐往往更容易让观众受到感染。当观众被有节奏的音乐吸引，甚至跟着音乐律动的时候，就说明观众已经和短视频融为一体，成了短视频的一部分。

为了实现音乐和视频的完美契合，其实可以借助动作来配合节奏。用动作的卡顿来表现音乐的节奏，会让视频更加流畅和完整，给观众带来更大的冲击。

4. 转场时参照物不能改变

如今，一段好视频的出现，通常都是数次拍摄和剪辑的结果。在分段拍摄的过程中，必然会有段落的过渡或场景的转换，这种过渡和转换就是转场。

在做转场的时候，有一点必须要谨记，那就是参照物不能发生改变。比如，抖音和快手上有很多"秒换服装"的短视频，在拍摄的时候，除了服装款式之外，其他的景物都不能改变，这样才能突出服装的变化。如果所有的参照物都发生了变化，观众就会觉得这就是在不同的地方拍了几段视频，也就无法被"秒换服装"的效果震撼了。

5. 巧妙运用各种道具

在一段精彩的短视频中，道具往往是不可或缺的。有了道具的点缀，画面才不会显得那么单调，主人公也才有更大的发挥空间。虽然这种手法看似非常简单，但从实际效果来看，运用道具确实起到了让视频更加精彩的作用。

6. 做好后期剪辑等工作

一段好视频的制作，不仅要重视拍摄过程，还要将后期剪辑等工作放到重要的位置上。只有将几段视频天衣无缝地剪辑到一起，把一个完整的故事呈现在观众面前，观众才能更好地接收并体会短视频传递的信息。

总而言之，要想完成一段高质量的视频的制作工作，并非易事。想在短视频营销领域长足进步和发展，就要遵循上面介绍的六个原则，一步一个脚印地去学习和锻炼，相信一定能制作出在内容和新意上都能令观众满意的短视频。

▶▶▶ **网红语录**

1. 爆款短视频，有一半是运气，另一半是实力。如果没有爆，也不要灰心丧气。

2. 我们现在只是走在前半场，后半场是最难的，也是最精彩、最刺激的，因为进入这个行业的人越来越专业化。

掌握短视频拍摄的八大技巧

随着抖音和快手的迅猛发展，越来越多的用户开始尝试用自己的方式去拍摄短视频。这是因为随着视频量的不断增加，这两个平台上同类型、同质化的视频也越来越多，想从大量的视频中脱颖而出，赢得观众的喜爱和关注，必须要有自己的独特方式。

经过长时间的整理和总结，我们不难发现，其实拍摄短视频是有技巧的。下面简单介绍八种短视频拍摄技巧，以帮助营销者更加快捷、便利地制作出优秀的短视频产品。

1. 拍摄速度要适中

在拍摄短视频的过程中，用户不仅可以选择滤镜和美颜等工具，还能自主调节拍摄速度。根据自己的需要适当调整拍摄速度，有助于用户更好地把控节奏。当然，这里的节奏不仅指音乐节奏，也指整个视频的节奏。将节奏调整到自己感觉舒服的程度，不仅能让整个视频更加流畅，给观众更好的视觉享受，也有助于和别人的视频做出区别，降低内容的同质化程度。

2. 分段拍摄

在抖音和快手上，短视频的数量在不断增加，更新速度也在不断加快。面对持续袭来的大量信息，观众对短视频的要求变得越来越高。想要拍好一段短视频，正变得越来越难。

在这种情况下，不妨尝试一下分段拍摄的技巧。分别拍摄两段有关联的视频，然后借助剪辑手段将它们融合成一个整体。只要转场做得足够好，视频就会产生令人震撼的效果。

3. 用好曝光和聚焦功能

并非所有的手机都有曝光和聚焦功能，但是如果拍摄者的手机有这两项功能，就一定要学会使用。因为在拍摄过程中，这两项功能将对视频的品质产生极为重要的影响。不同品牌和型号的手机，这两项功能的设置方法也不尽相同，这就需要拍摄者认真阅读手机的使用说明书。

4. 选择正确的分辨率

不同的手机，分辨率会有所不同；在不同的环境和场景下拍摄，分辨率的选择也会有所不同。也就是说，拍摄者需要根据环境和视频要求，正确地选择分辨率。在涉足短视频拍摄领域之初，想要做到这一点并不容易，但是随着拍摄次数的增多，这一技巧将会有越来越大的发挥空间。

5. 防止抖动

很多短视频拍摄者之所以无法拍出清晰的短视频，是因为他们拍摄的时候手总是抖。对焦做不好，画面自然模糊不清。为了减少抖动带来的负面影响，拍摄者可以选择使用手机支架或是固定的器物来保持稳定性。

6. 利用光线增加美感

对于短视频拍摄来说，光线十分重要，好的光线布局对于改善画面质量有很大的帮助。在阳光充足的情况下，可以通过调整拍摄角度等来充分发挥光线的作用；在光线不足的时候，则可以通过手动打光等方式，来补充光线，为拍摄创造条件。

7. 借助网格功能构图

并非只有专业的摄影师才能拍摄出美轮美奂的视频，抖音、快手的一般用户也能做到这一点。实际上，那些能够吸人眼球的照片或视频只是采用了某种构图方法。在使用智能手机拍摄时，可以借助网格功能，在它的协助下拍摄出精彩的视频。

8. 与人合拍蹭热度

在抖音平台上，有一种非常有趣的视频玩法，那就是合拍。通过与别人合拍同一段视频，实现跨空间的合作。这种视频玩法，给用户带来了新鲜感，因此在平台上受到了很多用户的追捧。这种玩法降低了个人拍摄的难度，是拍摄新颖视频的一种好方法。

在抖音和快手平台上拍摄短视频，可用的技巧其实并不仅仅只有这常见的八种，还有许多短视频达人有自己的独特拍摄方式和技巧，在此不再一一列举。总之，无论运用什么拍摄技巧，其目的都是拍摄一段好视频，都是为实现推广这一最终目标服务。反过来说，为了做好视频推广，就一定要掌握拍摄技巧。

 **网红语录**

1. 产品很重要，营销更重要。

2. 只要你没抓住核心，就算在最赚钱的行业也是白搭。

优化封面，吸引观众点击观看

做短视频运营和营销，目的是获得粉丝和流量，最终实现流量变现，从粉丝流量中获利。对于运营者来说，想获得更多观众的喜爱，拥有更高的点击率和播放量，不仅要关注短视频的内容制作，还要关注短视频的封面。原因很简单，当观众在平台上浏览短视频时，面对数以亿计的短视频，他们会对那些封面精美的短视频更有兴趣一些。

而在营销实战中，有些短视频营销者并没有做到这一点。他们在选择封面时非常随意，有时甚至直接从网上下载一些图片就当作短视频作品的封面。这种做法会让观众觉得运营者十分敷衍，很难对短视频产生兴趣。如果观众没有点击进去观看视频，那么无论内容多么优良，都是没有意义的。

所以，作为一个合格的营销者，一定要学会为短视频选择合适的封面，通常来说，可以从以下几个方面着手。

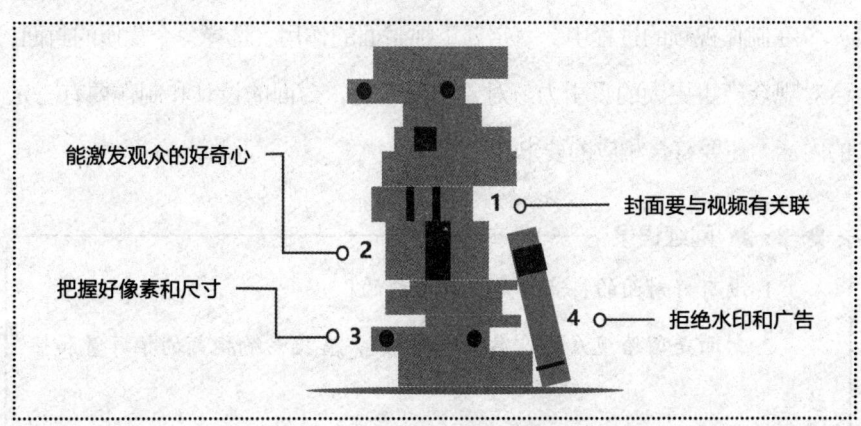

图6-3　短视频封面的选定原则

1. 封面要与视频有关联

封面是短视频的脸面，要能体现短视频的主要内容，这样才能吸引有兴趣的观众点击观看。而且，两者的关联性越强，越能表现主题，越能给观众明确的指向。如果封面和视频毫无关系，那么即便观众点开了视频，也会觉得视频与封面不符，心里会觉得失望甚至不满。

2. 能激发观众的好奇心

在观看视频之前，观众首先关注到的就是封面。想要吸引观众的关注目光，激发他们的好奇心是非常重要的。让观众对视频产生好奇，想要知道视频是什么内容，才能促使他们点击观看。

3. 把握好像素和尺寸

如果封面的像素很低，看起来很模糊，甚至根本看不清主要内容，那么观众会觉得封面和视频都没有什么档次，很难对视频产生兴趣。除了像素，封面的尺寸同样重要，符合短视频平台要求的封面尺寸是最好的选择。

4. 拒绝水印和广告

带有水印和广告的封面，不仅会拉低视频的整体定位和水平，还会让观众觉得反感，从而对视频产生抵触情绪。另外，短视频平台对封面也有严格的要求，很可能无法顺利通过审核。

在制作视频的过程中，一定要重视封面的作用，选择一个优质的封面，会对观众产生更大的吸引力。对营销者来说，封面的设计和制作要有一定的内涵，还要符合相应的要求和标准。

▶▶▶ **网红语录**

1. 没有好封面的抖音都是没有灵魂的！

2. 封面是留给观众的"第一眼印象"，直接影响视频的推荐量和播放量。

专业地发布产品，才能赢得粉丝关注

如果说短视频的制作是一个巨大的工程，那么发布产品就是其中不可或缺的一个重要步骤。在经过巧妙的构思和艰难的拍摄之后，如何将产品更好地发布出去，这是营销者需要认真思考的一个关键问题。

例如，发布视频应该添加什么标题，如何才能在第一时间让好友和粉丝看到和关注，在什么时间发布才能起到最好的效果，等等，这一系列的问题都需要营销者认真地思考和解决。只有掌握专业的发布技巧，才能提升成为热门视频的概率。

通常来说，在发布短视频时，需要做好以下四点。

1. 添加能引起共鸣的标题

确定标题是发布短视频的前提条件之一。一个好的标题，能够抓住粉丝的心，在第一时间将最有用的信息传递给自己的粉丝。

想写出能够引起粉丝共鸣的标题，可以从以下三个方面入手。

（1）挖掘粉丝痛点。要做到这一点，就要与粉丝多多沟通，真切了解粉丝的需求，而不是凭空想象。

（2）营造使用场景。描述一个具体的使用场景，可以让粉丝更加直观地感受到视频想要传达的信息。比如，如果要介绍一款衬衫，就可以在标题中描述什么场合穿着它合适。

（3）细致描述特点。将产品的特点细致地呈现在粉丝面前，会让粉丝对产品产生更深刻的认识和更多的信任感。

2.@ 好友

在发布短视频的同时，可以 @ 自己的好友，提醒好友在第一时间观看视频。尤其是那些粉丝数量庞大的好友，更要及时 @ 他。当好友观看视频的时候，他的粉丝就会被吸引过来。这就在无形之中实现了引流，提升了账号的人气和关注度。

3.添加位置信息

发布短视频的时候，可以添加位置信息。当观众观看视频的时候，很有可能会顺手点击一下位置信息，这样就得到了一个推广和销售的机会。这种营销方式简单、直接，是很多营销者发布短视频的常用方式。

4.选择最佳发布时间

做短视频营销，一定要对用户的上网高峰时段有充分的了解。否则，即便短视频做得非常精彩，也有可能无法引人关注。统计数据显示，互联网用户每天上网的高峰时段是 12~13 点和 21~23 点。在这两个时段中，玩抖音和快手的人会相对较多，因此在此期间发布短视频往往可以获得相对较大的流量。

短视频的拍摄和发布，都需要营销者花费大量的时间和精力，它们都是视频制作过程的重要组成部分。如果千辛万苦地拍摄出一段短视频，却很随意地将它发布到网上，那么前期所做的一切努力都可能付诸东流。只有以专业的态度和方式去发布短视频，才能让粉丝看到营销者始终如一的认真态度，进而赢得粉丝的认可和关注。

▶▶▶ **网红语录**

1. 想要成功，就必须付出点什么。

2. 把一件事做到极致，就能得到应有的财富。

3. 计划永远是美好的，努力之后的结果是看得到的。

第七章　开通直播，给观众更立体的观赏体验

◎抖音、快手在直播领域的布局

◎做好预热，直播流量稳步提升

◎优质封面，是让观众进入直播间的邀请函

◎做一个与众不同的主播

抖音、快手在直播领域的布局

眼下，直播行业的发展势头极为迅猛，很多人选择投身其中。面对直播行业的巨大红利，抖音和快手平台自然不会错过。在抖音和快手平台相继增加直播功能之后，平台上的很多用户都开始尝试直播，希望借助直播更好地运营账号，实现个人的目标。

从变现的角度来说，直播的打赏模式显然更加直接和高效。而这一点恰恰是很多人渴望入局的重要原因。而从内容角度来说，直播显然让快手和抖音平台的内容更加丰富，形式更加多样，也有利于增强运营者和粉丝的互动性。

从实际情况来看，尽管抖音和快手都希望在直播领域发力，但是两个平台发展的方向截然不同。

1. 快手

快手平台早在 2016 年就已经上线了直播功能，但是只对部分用户开放权限。最初，只有那些满足平台条件（如发布较多优质作品、无违规记录、绑定手机号等）的用户，才能获得直播的资格。

随着直播大潮的来临，快手放开限制，让平台上的所有用户都能一起分享直播带来的红利。快手的全民直播模式，注重普通生活的记录和分享，这一做法与快手对短视频的定位是一致的。在这里，无论有没有才艺，无论是谁，只要符合国家法律和平台规则，每个人都能直播。

2. 抖音

抖音和快手不同，它的主要直播方向是精品才艺内容，是为那些真正具备才艺的达人准备的。因为门槛相对较高，所以不是每个人都能获得直播的资格。

这种定位方式，与抖音的用户大多为年轻人有着紧密的联系。因为抖音引爆短视频行业较早，所以它的很多用户对短视频了解得更多、操作更熟练。他们对短视频的要求，比快手用户更高一些。尤其是在一些较为专业的领域，抖音用户更是追求精益求精。

受这种用户习惯的影响，抖音对直播用户的要求也相对较高。如果用户没有真才实学，往往得不到机会。

在抖音和快手平台上，最不缺乏的就是流量，而如何将流量变现，则是很多营销者亟须解决的问题。直播的出现，恰恰为这一难题找到了解决的办法。在抖音和快手上，有些用户拥有流量，在这里做直播，比在直播平台做短视频简单多了。

对于抖音和快手的运营者来说，短视频营销带来的是流量，直播带来的则是流量的变现，只有两者结合在一起，才可以更好地实现营销。

▶▶▶▶ 网红语录

1. 很多人觉得，我莫名其妙就成功了，其实我真的默默无闻地做了三年直播，那个时候我一样很努力。有些人也想做直播，但是做了一个月，没有赚到钱就放弃了。

2. 将心比心地做生意，时刻把自己当成消费者。

做好预热，直播流量稳步提升

在抖音和快手平台上，直播已经变成一种全新的表达方式，不仅能让用户直接表现自己和自己的生活，还能增加与观众的互动，实现流量的变现。可以说，直播已经变成一种崭新的、高效的带货方式。

在直播领域，有很多具有超强带货能力的人，如李佳琦、薇娅等，都在直播行业创造了属于自己的销售神话。尽管他们并不是在抖音和快手平台火爆网络的，但他们给直播营销带来的影响还是很有借鉴意义的。

和直播平台上的直播不同，很多抖音、快手的用户本身就有很多观众和粉丝，有很大的流量。这些流量是营销变现的基础所在。"哪里有人气，哪里就有生意。"这句话一点都不假。那么，如何才能让直播间变得有人气？预热是其中十分关键的一步。

预热，原为化学用词，是指为了防止急热而预先加热到指定的温度。而现在，也被赋予了为某件事提前做准备的含义。对活动来说，预热特指活动正式执行前的传播造势，让其预先达到一定的热度。

预热的主要内容基本大同小异，就是介绍直播的时间、主题和特色等。而常用的预热途径有以下四个。

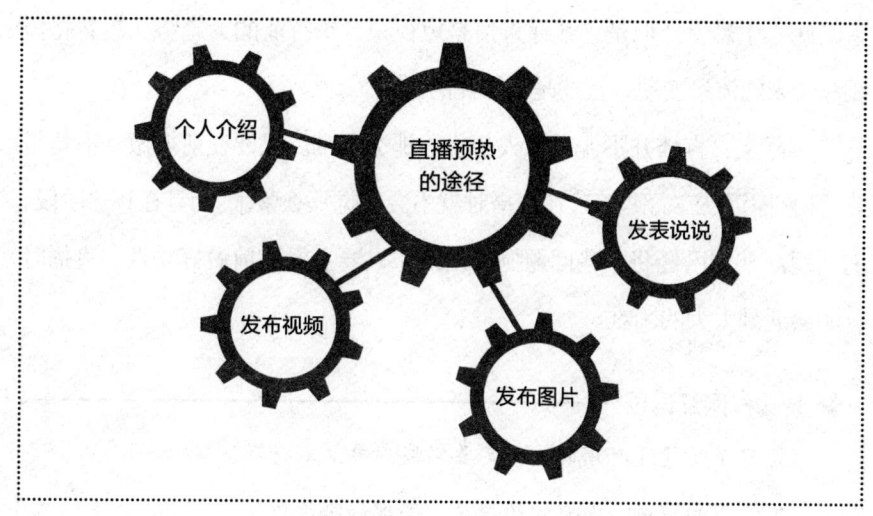

图7-1 直播预热的途径

1.在个人介绍中预热

在每次直播之前的一段时间里，可以在个人介绍中注明直播的时间、主题和特色等，让观众一目了然地看到直播信息，以便于他们准时关注直播。

2.发布视频预热

在直播前一两天，发布一个预告视频，提醒观众关注，并告知观众直播活动的具体时间、主题及互动奖励等。

3.发布图片预热

在直播前一两天，可以通过发布图片的方式来预热。将图片制作成相关海报，更容易吸引观众的目光。

4.发表说说预热

通过这种方式进行预热，可以发布文字、视频、图片等，可选范围比较广，运营者可以根据实际情况自行做出最好的选择。

对于很多想要尝试进入或是刚刚进入直播领域的运营者来说，直播是一个比较新鲜的事物。因为要和观众进行直接沟通，所以很多不善言辞的人对此心生恐惧。但是，开通直播是短视频营销行业的大趋势，想要将短视频带来的流量变现，直播是最快捷的方式。

实际上，直播并不像很多人想象的那么困难。只要在前期做好准备工作，如直播词、应对预案等，在直播时就不会感觉那么紧张。而且在预热阶段，有些观众其实已经将一些问题抛了出来，只要主播提前做好功课，直播时就不会遇到太大的困难。

 **网红语录**

1. 只是听是没有用的，一定要实战，要立刻行动。

2. 三观的形成，源自你的厚度、高度和深度。

3. 只善于讨好某一个人，就不会讨好万千群体。

优质封面，是让观众进入直播间的邀请函

想让观众进入直播间，仅仅靠预热是不够的。通过预热，可以让观众初步了解直播的时间、内容等，但是这并不足以让他们下定决心进入直播间观看视频。

毕竟，在抖音和短视频平台上，每个用户关注的账号都是有限的，对于未关注的账号，用户大多只是浏览而已。想要让这些"陌生人"进入直播间，就要有能一下吸引他们目光的内容——优质的封面。

一个令人心动的封面，是吸引观众进入直播间的最好理由。在设计直播封面时，以下四个建议可供参考。

1. 主题明确

一个优质的直播封面，必须有一个明确的主题。只有让观众在最短的时间内了解直播内容，对此类内容有兴趣的观众才会以最快的速度决定进入。

2. 表里如一

封面的主题设计，要以直播内容为参考。如果封面的主题和直播内容有很大的出入，观众就会觉得自己上当受骗了，进而对直播失去兴趣。

3. 体现个性

抖音和快手平台是很多人展现个性的阵地，在这里，可以看到各种各样的人和他们的人生。对于大多数观众来说，有个性的直播内容才会对他们产生吸引力。在制作直播封面时，这一点同样不能忽视。

4.适时调整

做直播的时候，如果直播主题有变化，直播封面自然也要跟着变化；如果直播主题没有变化，如直播的是一个完整的课程，那么封面也可以不变。当然，如果主播想给观众带来新鲜感，或者想吸引更多的观众进入直播间，那么也可以每次直播都换。但是，当主题没变时，封面设计的主题最好也不要变，这样才能体现课程的连贯性。

根据已有的经验和数据统计，除了抖音和快手账号的"铁粉"之外，大部分人之所以愿意进入直播间，通常是因为直播封面设计得非常好。至于其中的缘由，与其说观众只注重外表，不如说观众更希望得到全方位的观看体验。

鉴于这种情况，在进行直播之前，运营者有必要设计出一个更加精美、优质的直播封面，这是在满足观众的心理需求，也是为吸引更多观众助力。

▶▶▶ **网红语录**

1.封面一定要有趣，尽量选择动图，勾起观众的好奇心。

2.痛点是为了吸引注意，痒点是为唤起感性。

3.世界上最不缺的就是好产品，缺的是好产品的营销方法。

做一个与众不同的主播

在网络上，有一句流传很广的话："好看的皮囊千篇一律，有趣的灵魂万里挑一。"对个性的追求，并不是最近才流行起来的，而是人们一直以来都渴望的。只不过，在这样一个短视频充斥网络的时代，人们有了更多、更简便的了解别人的方法。因此对个性的渴望程度更深了而已。

当一个短视频呈现在观众面前时，观众看到的不仅仅是一段十几秒或几十秒的影像记录，还能看到视频拍摄者的喜怒哀乐、酸甜苦辣。也许一些视频只是拍摄者的摆拍，但从他的构思和视频内容同样可以看出这个人的所思所想。

看到活生生的人，记录真切切的情，这是短视频受到追捧的重要原因之一。大多数情况下，观众都对新鲜感充满渴望，那些能够打动观众的视频，或是有真情流露，或是展现一个与众不同的人。

在直播间里，观众对"与众不同"的需求则更加强烈。这是因为，主播是直接出镜的，在这里，他们无法像拍短视频时那样酝酿情绪、使用道具。也就是说，直播间的主播是比短视频中更加真实的人。越是真实，越要展现个性，如果每个主播都千篇一律，那么观众是不会买账的。

要做一个与众不同的主播，给观众留下深刻印象，进而赢得观众的信任和支持，以下几点建议值得借鉴。

1. 观看同类视频时，坚持做笔记，从别的主播身上学习优点。

2. 简要记录热门主播与观众的沟通过程，学会处理与观众的关系。

3.提升应变能力，巧妙地回答观众提出的刁钻问题。

4.掌握提升营销氛围的技巧，学会有效营销的话术。

5.从热门主播身上学习直播经验，经过优化之后运用到自己的直播中。

6.确定自己的直播风格，而不是盲目地模仿别人。

7.有自己的表达方式和直播特点，可以让观众被深深吸引。

8.与观众进行多样化的、有趣的互动，展现与众不同的魅力。

9.不断历练自己，提升直播能力，让观众看到自己的努力和进步。

做直播的目的是让观众走进直播间，在增加账号人气的同时，努力实现流量变现。要想让观众花钱，前提是想方设法地满足观众的需求，给观众最好的观赏体验。也就是说，做好一个主播，并不是只要会说、会推销就行，而是要时刻站在观众的角度上，为观众处理问题，答疑解惑。

通过抖音和快手平台的直播活动，账号运营者可以向观众更直观地展现自己。要从直播大军中脱颖而出，分得直播红利的一杯羹，一定要有自己的直播特色，让观众过目不忘，这样直播就成功了一大半。

 网红语录

1.以后我一定更加努力，以最真的方式推荐产品，好就是好，坏就是坏，粘就是粘，即使粘锅，我也要把它表现出来，万一有人想买粘锅呢？

2.对于聪明人来说，创业不过是换了个地方工作而已。

第三篇
吸粉引流篇

DISANPIAN XIFENYINLIUPIAN

第
八
章

深度吸粉，引爆短视频平台

◎吸粉先懂粉，准确区分不同类型的粉丝

◎精准画像，增强粉丝黏度

◎建立信任，用情感纽带留住粉丝

◎为粉丝提供超出预期的价值

◎深度挖掘，让潜在的粉丝跳出来

吸粉先懂粉，准确区分不同类型的粉丝

因为网络传播具有速度快、范围广等特点，所以当账号运营者发布一条短视频之后，在极短的时间内这条短视频就可能传遍整个网络。当然，观众的各种反馈也会随之而来。

根据观众的不同评价和关注状态，我们常常将观众分为不同的粉丝类型。简单说来，根据各自的特点可以将粉丝分为以下五类。

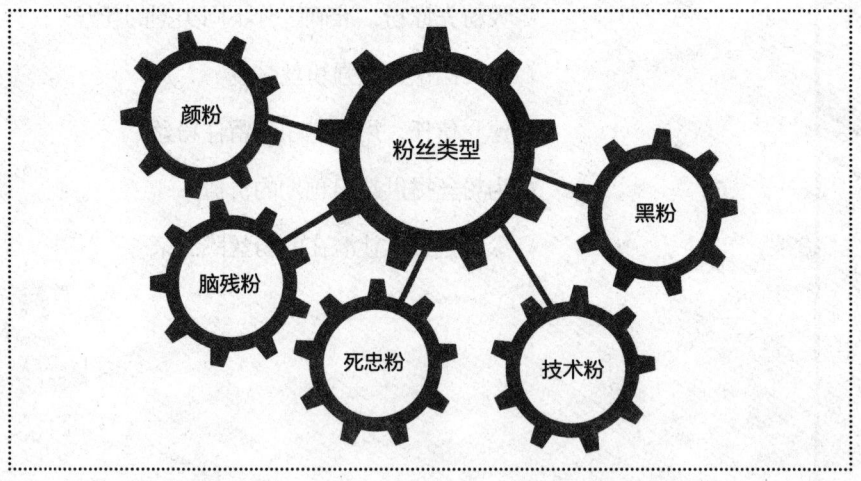

图8-1　常见的粉丝类型

1. 颜粉

所谓颜粉，就是被颜值吸引的粉丝。在抖音和快手平台上，有很多帅气的小哥哥和漂亮的小姐姐每天都会发布自己的视频，而且无论他们发布

的是什么内容（可能是唱歌、跳舞，也可能是洗衣、做饭），都可以得到大量粉丝的关注和点赞，这些将关注点放在颜值上的粉丝，被称为颜粉。

2. 脑残粉

所谓脑残粉，就是指那些缺乏理智，遇事容易冲动的粉丝。他们的行事特点，从名字上就可见一斑。对于自己关注的偶像，他们总是狂热追捧，无论偶像做什么，他们都会一直力挺。即便偶像是错的，他们也会一直追捧。他们不会去思考事情本身的对错，而是会誓死捍卫自己的偶像。

3. 死忠粉

死忠粉和脑残粉有相似之处，但是两者之间并不能画上等号。死忠粉同样对偶像百般拥护，愿意拼尽全力去保护偶像。只不过，他们不会像脑残粉那样不计后果，而是在理智地思考之后才会采取相应的措施。他们的行动，通常不会十分出格。

4. 技术粉

所谓技术粉，就是一些对某种技术十分着迷的粉丝。他们很关注一些技术类的抖音和快手账号，常常被一些拥有真技术的人深深吸引。他们非常喜欢看技术达人表演技术，也愿意与自己的偶像进行正常的深度沟通。

5. 黑粉

所谓黑粉，就是那些通过抹黑别人来证明自己的存在价值的粉丝。他们以抹黑别人为乐，似乎这样就能彰显自己的价值。实际上，从严格意义上说，这类人并不能称作粉丝，只是这个称谓已经约定俗成，所以才一直这样延续下来。

每一个运营抖音和快手账号的人都会遇到这五种不同类型的粉丝。而且，在不同的领域中，粉丝的身份也会发生转变。比如，一个喜欢跳舞的观众，在看到舞蹈类视频时，可能会成为一个脑残粉，但是在看到健身类的视频时，又可能变成一个黑粉。也就是说，粉丝将要扮演什么角色，和他们的喜好有很大的关系。

　　由此不难看出，每种类型的粉丝都有存在的合理性，而且对短视频账号的运营都会产生不同的影响。作为运营者，只能努力去获得更多的粉丝，对那些天生就有黑粉体质的粉丝，不必过多地关注。

▶▶▶ **网红语录**

1. 没有什么生意是 10 万微信好友做不起来的。

2. 对于普通人来说，成功的方法很简单，那就是聚焦，聚焦，再聚焦。

3. 商业的竞争，本质上就是用户时间的竞争。

精准画像，增强粉丝黏度

在吸粉的过程中，与粉丝保持一定的黏度是非常重要的工作。要做好这项工作，首先要对粉丝有充分的了解。比如，对他们的独特需求、喜好等，一定要有清楚的认知。

当然，想要掌握每一个粉丝的每一个特点，这是不可能实现的事情。但是，通过整理、分析粉丝的一系列数据，可以从中发现一些共通的典型特征，将这些特征虚拟成粉丝模型，就能将粉丝分类。而通过数据建立起来的粉丝模型，就是粉丝画像。

粉丝画像完成之后，就可以根据相应的画像特征，去实施有针对性的营销策略。对于抖音和快手的短视频营销者来说，这是将粉丝牢牢抓住的有效方法。

既然要为粉丝精准画像，就有必要了解粉丝画像中包含的六个重要元素。

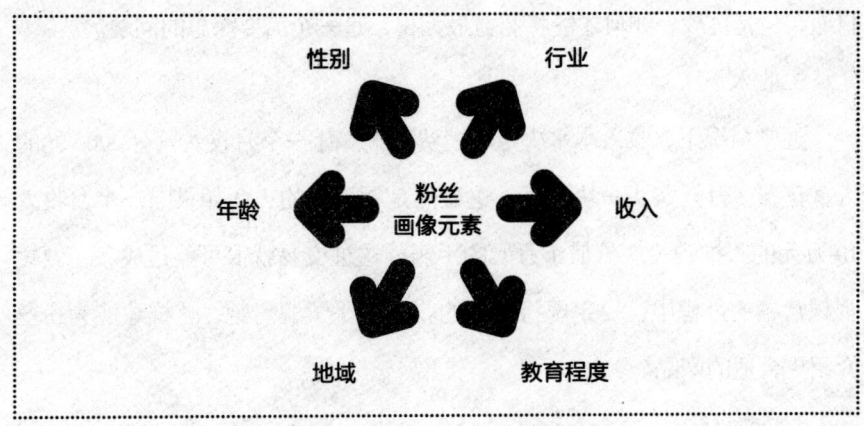

图8-2 粉丝画像的重要元素

1. 性别

尽管时代在不断发展，人们的思想在不断革新，但是男人和女人的思想观念始终会有一定的差异。这是由性别和基因决定的，仅靠引导是无法改变的。所以，在吸引粉丝的过程中，一定要注意性别带来的影响。

2. 年龄

在不同的年龄阶段，人的思想和偏好都会有所不同。尽管使用抖音和快手的用户大多是年轻人，但是其中不乏其他年龄层次的人。在营销过程中，需要区分不同年龄段的观众，只有根据观众的不同特点分别定制符合他们需求的短视频产品，才有可能吸引他们成为粉丝。

3. 地域

在不同地域生活的人，会有不同的生活习惯；在不同城市生活的人，消费水平也不尽相同。在吸粉的过程中，要根据地域特点，去制作适合当地观众观看的短视频。总的来说，那些可能造成地域歧视的因素，绝对不能出现在视频中。

4. 教育程度

一般来说，教育程度越高的人，对新鲜事物的接受程度就越高，为新鲜事物消费的意愿也越高。能够打动他们的产品，往往会成为他们购买的对象。同时，他们对产品和服务的要求也更高。对于营销者来说，这既是机遇，也是挑战，如何才能将利益最大化，是一个需要深思的问题。

5. 收入

通常情况下，收入水平决定着消费水平。让一个月收入只有2000元的人，花费3万元购买一块手表，这显然是不现实的。而如果向一个月收入10万元的人推销一块价值1万元的手表，这桩交易就很可能达成。在做短视频营销的过程中，一定要将粉丝的收入水平了解清楚，这样才能为粉丝介绍更合适的产品。

6.行业

每个行业都有其独特特征，一个人长期在某个行业中摸爬滚打的话，自然会受到行业特征的影响。这些影响可能体现在这个人的思维方式、身体姿态、生活习惯等方面。但对于营销者来说，这其中蕴含着一系列有价值的信息。

借助这六种重要元素，营销者可以为粉丝建立起画像，然后再根据画像的典型特征去展开工作。比如，选择不同的视频内容、拍摄方式、辅助道具等。这种做法不仅有利于增强粉丝黏度，增加粉丝数量，还对精准营销具有重要的意义。

▶▶▶ **网红语录**

1.每一个垂直细分小领域的抖音账号，都是一座宝藏。

2.在这里，粉丝每天都可以看到我，他们知道我在做什么，他们了解我的性格，就像街坊邻居一样。

建立信任，用情感纽带留住粉丝

信任是一种很难建立的情感，因为它要建立在彼此认同且甘愿为对方付出的前提之下。当粉丝关注一个账号时，说明他对这个账号已经产生了最基本的信任。对于账号运营者来说，这是一个好消息。毕竟，粉丝数量的增长，就是靠一个个粉丝逐渐积累起来的。

但是，如果账号运营者看到了粉丝的关注，却只是一味发布新的视频，没有更进一步的举措的话，粉丝往往很难对运营者有更多的信任，最终可能取消关注这个账号。

所以，对于抖音、快手的营销者来说，吸引粉丝的关键在于让粉丝产生信任感，而且信任感越深，粉丝对账号的关注频率就越高，与运营者之间的情感纽带就越牢固。

想要获得粉丝的更多信任，用情感留住粉丝的心，往往需要从以下三个方面着手。

1. 展现自己的实力

这一点并不难理解，就是要拿出自己最好的短视频去吸引粉丝，让粉丝相信自己能为他们带来符合他们期待的优质短视频。粉丝之所以愿意观看短视频，是因为短视频有趣、有料，能为粉丝带来某种满足感。只要运营者能够持续为粉丝呈现精彩的短视频，相信粉丝们会乐于去宣传和推广。

2. 与粉丝加强沟通

短视频运营者和粉丝之间的信任关系，并不是瞬间就能建立的。对账号的关注和传播，也需要经历很长一段时间。和粉丝加强沟通，了解粉丝心里在想些什么，才能制作出更加符合粉丝预期的短视频产品，才能让粉丝产生更多的信任感。

3. 使用感染性强的语言

无论是为短视频设置标题，还是回复粉丝的评论，都是向粉丝传递信息的好机会。使用一些感染性比较强的语言，让粉丝从中感受到运营者的个人魅力，往往会让粉丝对运营者产生更多好感和期待。当期待逐渐变成现实的时候，粉丝对运营者的信任感就会逐渐增强。

每个人都有戒备心理，对陌生人更是如此。对于那些只能在网络上见到的人，人们的戒备心理会更强一些。在抖音和快手上做营销的人，不仅符合让观众警惕的陌生人的定位，由于需要从粉丝那里获利，更会让他们多一层警惕。

由此不难看出，短视频营销者想要赢得粉丝的认可和关注，确实是一件非常困难的事情。恰恰是因为这件事情非常难操作，所以营销者更要珍惜每一个来之不易的粉丝。

多与粉丝沟通、互动，及时回复粉丝，适时给粉丝一些福利等举措，都是进一步吸引粉丝关注的有效手段。营销者要坚持以心换心，为粉丝多做一些事情，这样粉丝就会多给一些回馈。营销者与粉丝之间的关系越紧密，就越容易得到粉丝的推荐，从而得到更多的粉丝。

▶▶▶ **网红语录**

1. 我很重视品控，毕竟老铁们信任我。

2. 没有借口，没有谎言，也不会食言。

3. 如今我们高度评价一个人，一般会说他很靠谱。

为粉丝提供超出预期的价值

对于短视频营销者来说，粉丝的价值并不仅仅体现在对视频的关注上，也不只体现在粉丝的个人行为上，更体现在他们的传播能力上。要知道，一个粉丝就能带动身边很多人一起来关注他所关注的账号。

汽车销售大王乔·吉拉德根据自己的销售经验，总结出了著名的"250定律"。在他看来，每一名顾客的背后，都站着大约250位亲朋好友。如果销售员能赢得这一位顾客的好感，那么他就有可能赢得其余250名潜在顾客的好感；如果销售员得罪了这一名顾客，那么他就有可能会得罪另外250名潜在顾客。

当然，抖音、快手营销和传统的营销模式有一定的区别，粉丝和顾客的定位也有本质上的不同。但是就其本质而言，粉丝和顾客都是营销对象，营销者都要通过满足他们的需求去实现最终的销售。从这一点上说，两者并没有太大差别。

从影响范围上说，因为之前的联络方式较少，信息传播速度较慢，所以传统营销模式中的顾客能够影响的人数也相对有限；可是在网络技术非常发达的今天，一个粉丝能够带来的影响显然比以前更大一些，能够影响的人也更多一些。

在传统营销模式中，营销者就会追求为顾客提供超出预期的价值。在抖音和快手平台上，竞争对手更多，产品的同质性更高，显然粉丝对短视频的要求也会更高。在这种情况下，为粉丝提供超出预期的价值更是一个不得不做的选择。

1. 更高的产品价值

粉丝对某个账号予以关注，是因为这个账号里的某些视频让粉丝感觉满意，但是，这并不意味着粉丝一定要持续关注这个账号。尤其是在同类型视频众多的情况下，如果营销者无法持续制作出更具价值的短视频产品，那就无法一直抓住粉丝的心。

更高的产品价值，意味着要让粉丝得到更多的欢乐或满足感，让他们体验到自己甚至未曾想到过的幸福感。只有粉丝在心理上得到更高级的享受，才会提升对营销者的满意程度。

2. 更多的附加价值

拍摄和发布一段营销短视频，其目的不只是给粉丝带去产品价值或更高的产品价值，还要让粉丝得到附加价值。通常来说，附加价值的多少和粉丝满意度的高低是成正比的。想让粉丝满意度爆棚，那就尽量多提供一些附加价值。

常见的附加价值，包括产品的售后服务、额外赠送的小礼物等。通过这种方式，可以增加粉丝黏度，让粉丝产生更高的忠诚度。

粉丝对于营销者的重要性，想必无须赘述，为粉丝提供超出预期的价值，让他们对营销者产生更高的满意度，这是吸引粉丝的优质方法。

▶▶▶ 网红语录

1. 哪有谁比谁运气好，只是更加拼命罢了。

2. 做电商很简单，只要真诚就行。

3. 谁能抓住客户的心理，谁就能拿下订单。

深度挖掘，让潜在的粉丝跳出来

一般情况下，在粉丝的身边都会有很多潜在粉丝。只要运用一些策略，这些潜在粉丝就会主动浮出"水面"，成为营销者的真正粉丝。只是很多短视频营销者对他们缺乏关注，没有给予他们足够的重视，才没能将这些潜在粉丝变成自己真正的粉丝。

通常情况下，相对于潜在粉丝而言，粉丝群体的数量是比较少的。一个账号能拥有几千万粉丝，已经是非常不易的了，但是在这几千万粉丝身边存在的，就是几亿甚至十几亿的潜在粉丝。如果能想办法挖掘出潜在粉丝，那么吸粉的效果将会大大提升。

在实际操作中，比较常用的挖掘方法有以下四种。

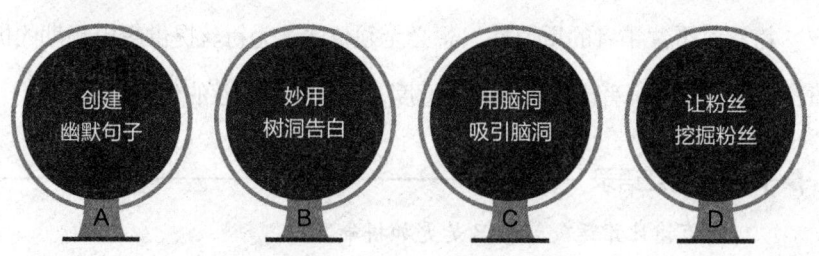

图8-3　挖掘潜在粉丝的方法

1. 创建幽默句子

在抖音和快手平台上，靠幽默走红的账号不在少数，这说明很多粉丝对幽默有所偏爱。创建一些诙谐幽默的句子放入评论区，当观众想要评论却找不到合适的句子时，他们往往会模仿已有的幽默句子，编出一条新的评论。当评论积累到一定的数量时，这些观众的身份就会发生转变，由潜在粉丝变成真正的粉丝。

2.妙用树洞告白

所谓树洞告白，其实非常简单，就是在评论区引导大家说一些平时不敢或不好意思说的话。比如，"你这辈子最丢人的事情是什么？别怕，反正这里没人认识你"。通过收集观众的回复，可以了解观众的心理状态、生活方式等，将这些信息汇总之后进行相应的分类，然后从中筛选出潜在的粉丝就行了。

3.用脑洞吸引脑洞

在抖音和快手平台上，有各种各样让人觉得脑洞大开甚至匪夷所思的短视频。我们在惊叹创作者精妙的构思之余，会发现这里有很多思路清奇的人。只要有人愿意贡献自己的脑洞，抛砖引玉，后面马上就会跟上来一群脑洞大开的人。即使是一条十分普通的短视频，也可能在许多精妙评论的加持下迅速变成热门，激发那些潜在粉丝的热情。

4.让粉丝挖掘粉丝

让粉丝挖掘粉丝，其实就是鼓励和刺激粉丝多多点赞、评论、转发。视频传播范围越广，传播速度越快，越有可能得到更多人的关注和支持。当潜在粉丝通过粉丝找到短视频的发布者时，发布者就多了一个吸引粉丝的可能。

挖掘潜在粉丝的过程，就是吸引潜在粉丝点赞、评论的过程。有了评论这个载体，短视频营销者就有了和潜在粉丝沟通的桥梁。借助这个桥梁，双方才能更加深入地沟通。随着越来越多的潜在粉丝变成粉丝，视频营销者不仅实现了粉丝数量的增加，也完成了营销短视频不断传播的任务。

▶▶▶ **网红语录**

1.选择的时候也意味着放弃，经得住失去，才守得到繁华。

2.人只要全力以赴地钻研某个问题，就有可能最大限度地逼近它的真实。

3.世界上并没有商品这个东西，客户购买的也不是商品，而是一个解决方案。

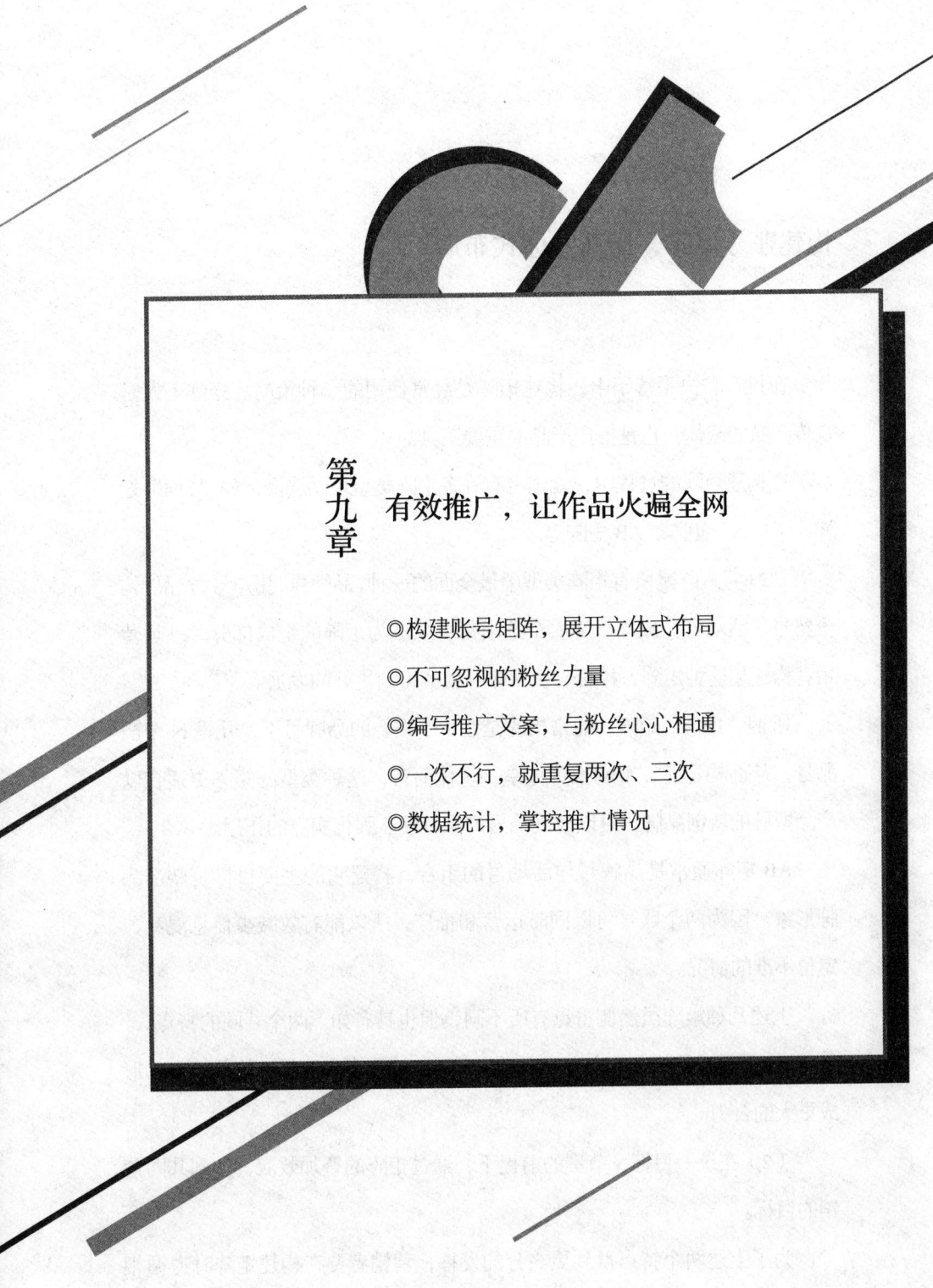

第九章　有效推广，让作品火遍全网

◎构建账号矩阵，展开立体式布局

◎不可忽视的粉丝力量

◎编写推广文案，与粉丝心心相通

◎一次不行，就重复两次、三次

◎数据统计，掌控推广情况

构建账号矩阵，展开立体式布局

在抖音和快手营销中，构建矩阵是经常使用的一种策略。矩阵不仅是宣传产品的载体，也是推广产品的重要工具。

在构建矩阵的过程中，营销者有许多矩阵类型可以选择，如"2+4"矩阵、"1+N"矩阵、AB矩阵等。

"2+4"矩阵是所有矩阵类型中最全面的一种，品牌号、用户号、产品号、粉丝号、活动号、成员号等6个选项都可以成为矩阵的组成部分。一旦营销者构建起这种矩阵，抖音、快手账号就能得到更好的发展。

所谓"1+N"矩阵，通常指的是在1个核心的品牌号下，开设N个产品号，从而构建起完整的推广体系。总体而言，这种类型的矩阵更适合以产品取胜的新创品牌，可以起到凸显产品特性、强化卖点的作用。

AB矩阵通常是品牌号与活动号的组合，构建它的主要目标是塑造品牌形象。因为两个账号可以同时运营和推广，所以能有效减少信息混乱、定位不准的情况。

上述几种矩阵虽然侧重点有所不同，但也具有如下两个共同的特点。

（1）针对品牌在推广上的多样化需求，设置多个账号，彼此协作，形成更大的合力。

（2）在统一目标、节奏的前提下，通过矩阵的叠加效应，达到共同营销的目标。

为了上述两个特点得到更充分的发挥，营销者要在构建矩阵时遵循相应的规则，掌握一定的技巧。具体而言，体现在以下三个方面。

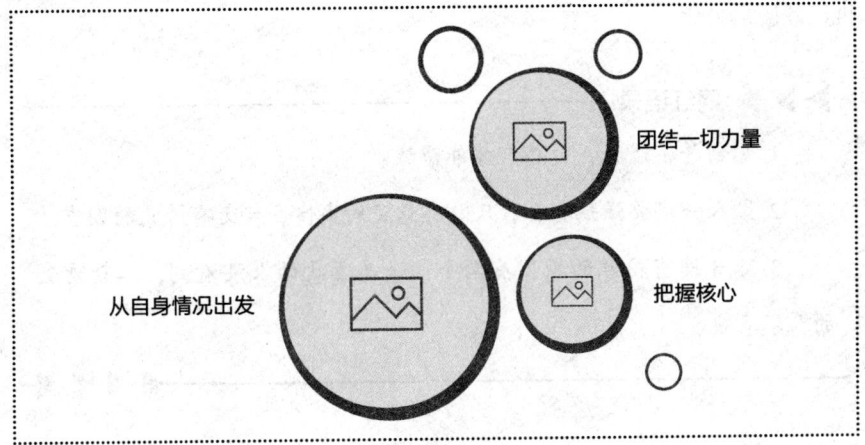

图9-1　构建账号矩阵的规则

1. 从自身情况出发

不同类型的抖音、快手账号，应该采用不同类型的矩阵。只有从自身情况出发，才能实现最初预设的营销目标。

2. 团结一切力量

将所有能够调动的力量都团结在一起。只要制定的策略具有科学性和合理性，这些力量就能融入矩阵中，进一步推动营销推广的发展。

3. 把握核心

任何一个矩阵都需要一个核心，用来规范和引导矩阵向着正确的方向发展。只有这样，整个矩阵才能始终保持一致，营销方向才不会出现偏差。

任何一种类型的产品，都需要构建一个营销矩阵。在营销实战中，不仅要确定用多少账号来进行推广，还要建立一个完整的营销系统。这样不仅有利于精准营销，也有利于扩大品牌的影响力。

在抖音、快手上做营销，并不是说只要注册一个账号，发布一些视频就算完成了。其实，产品推广、开发等，都是营销的一部分，只有将整个营销过程分解开来，每个人担负相应的职责，才能提升速度和效率，实现推广效应最大化。

 **网红语录**

1.原创并不赚钱，会推广才能赚钱。

2.做人一定要强强联合，只做有意义的事情，只交有情义的朋友。

3.账号没有粉丝的原因有两个：一是喜欢的人没看到，二是看到的人不喜欢。

不可忽视的粉丝力量

在粉丝经济时代，粉丝对短视频营销者的重要性是不言而喻的。相关数据显示，粉丝的平均购买力要比非粉丝高出三成左右，粉丝的转发率也比非粉丝高出四倍左右。

从这组数据就不难看出，粉丝对于短视频作品的推广具有十分重要的作用。无论是个人还是企业，抓住粉丝，并借助粉丝的力量进行推广，都是一个迅速引爆市场的捷径。

一般来说，粉丝的力量主要体现在以下两个方面。

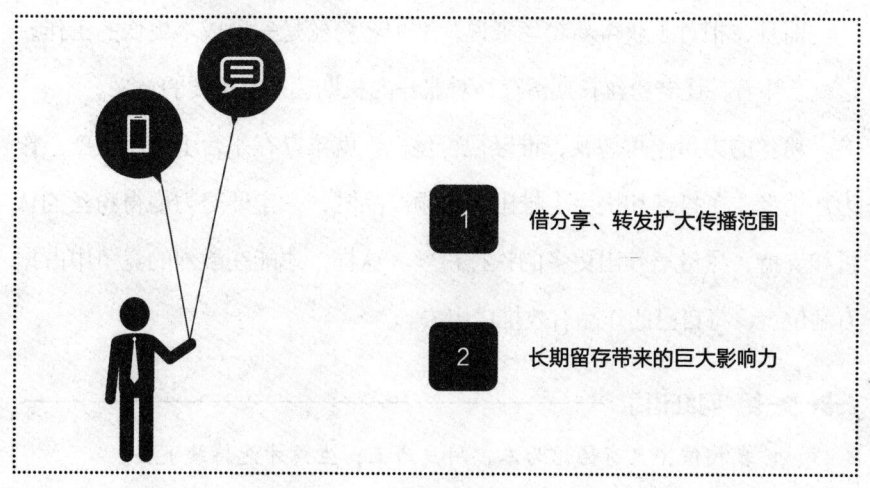

图9-2 粉丝力量的体现方式

1. 借分享、转发扩大传播范围

在短视频观众群体中，粉丝是账号最坚定的追随者。他们愿意认同和支持营销者的观点，还会主动通过分享转发营销者发布的短视频来表现自己对营销者的喜爱和支持。粉丝主动传播短视频，为产品带来更多的关注和更高的曝光率，但是他们并没有从营销者那里得到什么具体利益。可以说，这是一种成本极低的推广方式。

当然，想要让粉丝主动进行传播，还是要在短视频产品上下功夫。只有制作出品质优良的短视频，让粉丝觉得看完确实受益，他们才愿意将短视频分享给更多的人。另外，营销者的个人魅力，也会对粉丝产生影响。营销者应该努力提升自己，用人格魅力吸引更多粉丝。

2. 长期留存带来的巨大影响力

粉丝的力量不仅体现在分享转发上，还体现在长期留存上。粉丝对营销账号的意义，并不只是通过当前的购买行为为营销者带来利益，还有长期留存积累起来的人气和影响力。通过估算之后，营销者就不难发现，粉丝的力量远远超出了自己的预期。

而且，相对于获得新粉丝来说，维护老粉丝是一项成本更低的工作。这就意味着，让老粉丝长期留存，对账户的长期运营有重要的意义。

粉丝的力量不可忽视，谁轻视粉丝，谁就难以在平台上有所成就。作为营销者，在抖音和快手上推出短视频产品时，一定要努力赢得粉丝的认可和支持，尽量培养出更多的铁杆粉丝。这样，才能在激烈的竞争中占据有利位置，将自己的作品有效推广出去。

▶▶▶ **网红语录**

1. 我相信，只有诚信为本，用户为王，生意才能持续下去。

2. 世界上顶级的商业智慧其实就是借力。只有借力最省力，只有借力最高效。

3. 产品的卖点要简单，产品的故事要丰富。

◀◀◀

编写推广文案，与粉丝心心相通

在抖音和快手平台上，有各种各样的营销视频，也有各种各样的观众和粉丝。各种类型的粉丝都有不一样的特点，对于营销者来说，在编写推广文案时，要根据粉丝的类型去做好相应的工作，只有契合粉丝需求的文案，才能打动他们的心。

对于不同类型的粉丝，要提供不同类型的推广文案，但从本质上说，推广文案的编写要从情感的角度入手。还有很重要的一点，那就是粉丝通常很难有永恒的忠诚度。加上他们对短视频的要求越来越高，而且只会为那些有价值的短视频买单。

那么，应该怎么编写出令粉丝满意的推广文案呢？一般来说，需要重点关注以下三种心理。

图9-3　重点关注的粉丝心理

1. 投射心理

每个人都有自己的梦想和愿望，当自己的一些愿望无法实现时，人们就会把别人的事情投射到自己身上，幻想别人的成功是自己的。在设计推广文案时，可以利用粉丝的这一心理，将营销者的一些个人经历"嫁接"到粉丝身上，让粉丝对文案产生认同感。

2. 认同心理

粉丝愿意关注营销者的账户，说明他们对营销者的产品、价值观等有一定的认同感。这是粉丝对营销者表示信任的基础所在。如果营销者具有一定的知名度和影响力，那么粉丝就会对营销者产生更多的认同。在创作推广文案时，营销者可以据此提炼一些思路，让粉丝更加坚定地站在营销者身边。

3. 归属心理

在马斯洛的需求层次理论中，归属需求是一个非常重要的需求层次。粉丝对于归属的需求，也是一种强烈的心理需求。当粉丝能在营销者的账号满足归属心理时，他自己会对账号产生更强的信任感。在做推广文案时，营销者可以通过各种方式去挖掘粉丝的归属需求，并想办法给予满足，这会让粉丝产生更强的心理依赖。

人类对情感的需求，是一种基本的需求，尽管所需的情感有所不同，在不同的时刻也会有不同类型的情感需求，但是这种需求会一直存在于人类的生活中。满足粉丝的这种需求，给他们心心相通的感受，他们就会给予运营者更多的支持，产品推广也会变得简单和顺利起来。

▶▶▶ **网红语录**

1. 通透的人，一天到晚做吸粉引流，优化促销政策，提升广告文案的走心度。

2. 一切文案的本质，都是让客户相信你说的是真的。

3. 好的文案，要能唤起客户的情绪。

一次不行，就重复两次、三次

在抖音和快手平台上，有很多短视频是重复发布的。很多第二次甚至第三次发布的短视频，还真的如发布者所愿，变成了热门短视频。

许多粉丝也许觉得这种推广方式太没有水平，只会一再重复。但是从实战效果来看，这种营销方式还是能取得一定的效果的。

之所以这样说，是因为在抖音和快手平台上同质性的短视频有很多，粉丝打开一段视频却发现很眼熟时，大部分人很可能选择一划而过。但是，即便粉丝只看了两秒钟，对短视频也会产生印象。如果粉丝在随后的某个时间又看到了这段短视频，他可能会再多看几秒，甚至把短视频看完。这样的话，推广活动就有了效果。

还有一种情况是，即便粉丝在第一次根本就没看视频，但是随着他看到这段短视频的次数的增多，他也会对短视频产生深刻的印象。终究有一次，他会选择打开视频进行观看。这就是重复推广的作用，无论粉丝是什么态度，先混个脸熟再说。

当然，这种推广方式能够获得成功的基础，依然建立在短视频产品具有优良品质的基础上。在粉丝经济时代，粉丝手握着主动权。他们觉得短视频质量不错，就会主动转发。如果短视频产品的质量不好，那么粉丝即便观看了短视频，也不会感觉满意，更不会主动将短视频转发出去。一旦如此，短视频的传播效果将会大打折扣。

那么，应该掌握什么样的技巧，去做好推广呢？

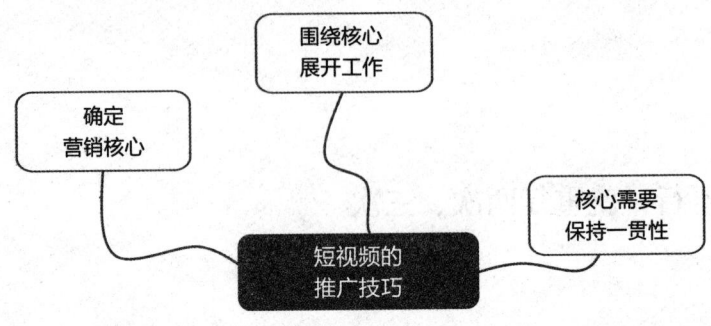

图9-4　短视频的推广技巧

1. 确定营销核心

每一个推广活动都应该有一个主题，这个主题就是营销核心，只有围绕这个核心展开推广策划，才能做到有的放矢。

2. 围绕核心展开工作

营销核心确定之后，所有的工作都要围绕这一核心展开。在适当的时候，要对营销核心进行拓展、延伸，这样才能实现真正意义上的一再重复。

3. 核心需要保持一贯性

核心一旦确定，就不能随意改变，而是要保持一贯性。这样，粉丝才能受到持续的刺激，才能逐渐接受这种推广模式和产品。

对短视频进行重复性的推广，能让粉丝在不知不觉中加深对视频的印象，并在潜移默化中影响粉丝的决定。对于短视频营销者来说，虽然是重复，但并不是原封不动地照搬，只有带有变化的重复，才能让粉丝产生新鲜感，吸引他们的注意力。

▶▶▶ **网红语录**

1. 造成事故不是我们故意为之，有时，不慎的疏忽也会酿成苦果。

2. 人生会有许多不经意的瞬间，但梦想始终不会动摇。

3. 真正的热爱，哪里需要什么自律？

数据统计，掌控推广情况

对于短视频营销者来说，推广的目的是让短视频产品有更广泛的传播。但是，推广完成并不是推广的终点，而只是推广活动的阶段性成果。在这之后，营销者应该对推广的效果进行检查和把控，在这项工作中，数据发挥着十分重要的作用。

在经过一系列严谨、细致的分析之后，营销者往往可以得到许多数据。在这些数据中，与推广关系最为紧密的一共有三项。

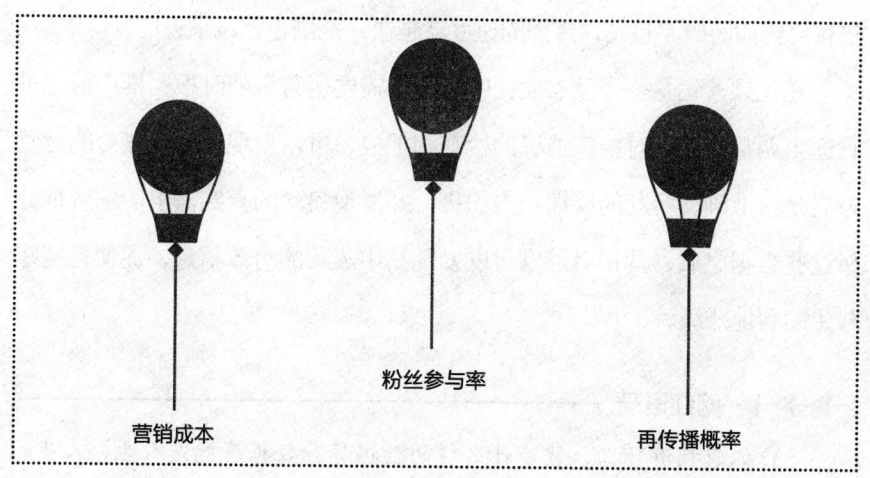

图9-5　与推广效果紧密相关的数据类型

1. 营销成本

对营销成本进行统计，主要是为了衡量是否为推广活动投入了足够的资金。通常情况下，投入和产出是成正比的。投入了足够的资金，努力去推广，效果往往不会差；如果推广效果不够好，也可以检查一下是不是资金投入有所欠缺。可以说，资金投入力度对整个营销活动具有决定性的作用，统计营销成本是整个营销活动的重要一环。

2.粉丝参与率

在抖音和快手平台上，粉丝对营销推广的效果有着很大的影响。一项推广活动，如果粉丝的参与率不够高，那就很难形成大范围的传播，推广效果也就很难达到预期。如果粉丝积极参与其中，与营销者进行比较深入的交流，那么不仅推广效果会更好，营销者还能从中发现粉丝的某些真实需求，为下一轮的推广找到核心内容。

3.再传播概率

粉丝的传播活动是一个不断变化的过程，第一个粉丝传给第二个粉丝，第二个粉丝传给第三个粉丝，第三个粉丝又传给第四个粉丝……以此类推，推广活动在粉丝中引发了链式反应，迅速火爆全网。一次推广活动，粉丝进行再传播的概率越高，传播的速度就越快，范围也就越来越广。

短视频营销是一个动态变化的过程，需要运营者随时根据推广情况进行适当调整。通过对推广情况的检查和把控，可以发现短视频账号的运营方向是否准确，粉丝的反馈是否积极，并发现粉丝的真实需求。细致地分析这些数据之后，营销者通常可以发现其中蕴藏的有效信息，促使营销账号更顺利地升级。

▶▶▶ **网红语录**

1.你想拥有什么，就建什么样的数据库，数据库就是人生，人生就是数据库。

2.数据库一定要建立在微信和QQ上，因为它离你越远，就越没有价值。

3.不能用一句话说清楚的产品，都不是好产品。

第十章　精准引流，让粉丝从这里到那里

◎掌握思考过程，做好引流环节

◎高效引流，三个秘籍不可少

◎多场景引流，将流量从线下带到线上

◎经营社群，让粉丝动起来

掌握思考过程，做好引流环节

在抖音和快手上做短视频营销，引流是一个非常重要的步骤和环节。做好这个环节，不仅可以获得更多的粉丝和流量，也能节约很多运营成本。

当然，做好这个环节并非轻而易举的事，而要对引流的全部环节有充分的认知和规划。在正式开始做引流之前，一定要掌握整个思考过程。具体而言，需要重点思考的内容主要有三个。

目标群体怎样获得抖音、快手账号信息，并观看视频

获得粉丝关注之后，怎样与粉丝保持良好的交流、互动

怎样让老粉丝自主传播，以吸引更多的新粉丝观看视频

图10-1　引流前的思考内容

1. 目标群体怎样获得抖音、快手账号信息，并观看视频

关于这个部分的内容，运营者需要思考和分析的问题有：是否需要投放抖音、快手账号的信息？观众完成观看之后，是否能成为粉丝？

关于信息投放这个问题，运营者需要思考自己的经济实力能否支撑持续投放，如果难以形成持续的效果，那么对引流就没有太大的意义；还要掌握数据统计和分析的方法，以便判断信息投放是否带来了实际效果，并据此做出相应的改进。

关于观众能否成为粉丝，这主要取决于运营者制作的短视频产品的内容和质量，能让观众产生共鸣的短视频，才能把观众转化为粉丝。

2. 获得粉丝关注之后，怎样与粉丝保持良好的交流、互动

很多营销者在千辛万苦地获得粉丝关注之后，却不知道如何与粉丝保持良好的沟通，这让他们最终失去了很多粉丝。那么，在得到粉丝的关注之后，应该怎样与粉丝保持良好的交流和互动呢？

通常情况下，有两种常用手段：一是有选择性地回复粉丝的评论，二是展开相关话题的讨论。这两种方式都可以拉近与粉丝的关系，甚至带动粉丝身边的人参与到交流之中。

3. 怎样让老粉丝自主传播，以吸引更多的新粉丝观看视频

短视频营销者之所以制作一段营销短视频，是为推广产品而采取的一种营销手段。想要让老粉丝自主传播，那么这则短视频就要超出老粉丝的预期，老粉丝能够从中得到更多想要的东西，心理上能够得到更大的满足。

除了从产品本身出发之外，营销者还可以通过宣传产品优点、营建线上互动社群等方式，让老粉丝看到产品能为他们身边的人带来的益处，促使他们更加主动地进行传播，吸引更多的新粉丝前来观看视频。

做好引流的目标，并不只是将粉丝从这个账号吸引到那个账号，而是要对账号运营进行全局规划。只有掌握思考的全过程，才能更全面、准确地做好引流，进而实现营销的目标。

▶▶▶ **网红语录**

1. 内容好一定就火？三秒留不住人，内容再好也会被划走。

2. 即将到来的 5G 时代，将会让几十亿人的生活发生巨变，短视频会是新的表达方式。

高效引流，三个秘籍不可少

随着抖音和快手平台的日渐火爆，最早在这两个平台做短视频营销的人，都赚得盆满钵满。很多人看到这一商机后，也都纷纷涌入其中，希望沾一点粉丝经济的光，从短视频的流量池中分得一些红利。

然而，很多运营者只看到了巨大的利润，却没有搞懂如何才能引流。其实，在短视频营销这个领域，流量就意味着销量。只有实现高效引流，才能实现销量的剧增。

要实现这一目标，三个重要的秘籍是必不可少的。

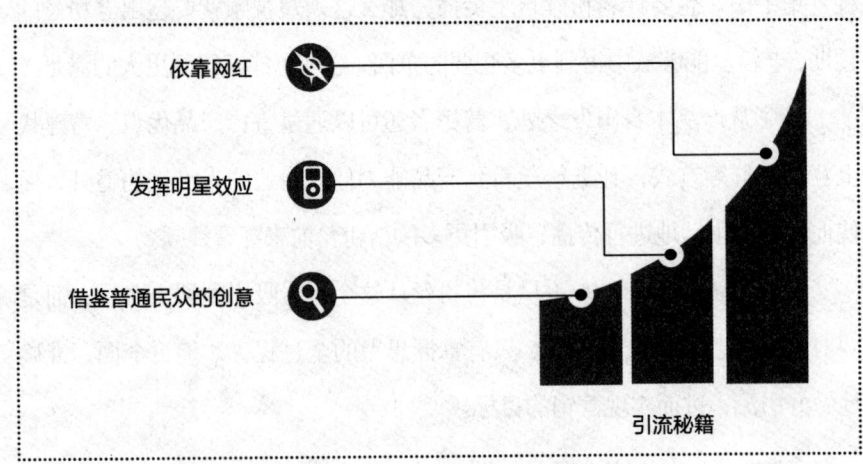

图10-2 高效引流的秘籍

1. 依靠网红

在抖音和快手平台上，网红就是商业价值的代表。如果能和网红产生联系，那就能依靠网红自带的流量为自己的账号做最好的推广，甚至将网红的流量吸引到自己的营销账户上来。至于蹭热度的方法，可以是让网红做产品推广，也可以是让网红推荐扫描二维码。

2. 发挥明星效应

在抖音和快手平台上，有很多明星入驻。在明星入驻之后，他们的粉丝也会紧随而至，并积极地给明星点赞和关注。明星的这些粉丝就是明星能够带来的流量，借助明星效应，营销活动更容易获得成功。通过和明星合作，明星的粉丝会对营销账户加以关注，无形之中就将粉丝流量引了过来。

3. 借鉴普通民众的创意

在抖音和快手平台上，用户大多是普通的民众。很多有创意的短视频，都是普通人智慧的结晶。做营销的过程中，与普通的民众多多交流与合作，也可以发现一些独特的创意。当这些有趣的视频变成热门视频时，营销账户自然会受到关注，引流的目的便达成了。

作为短视频营销活动中不可或缺的组成部分，引流是一项十分重要的工作。通过各种方法，将平台的流量吸引到自己的账号之下，这是一条增加粉丝数量的高效途径。

显然，将现有的流量引导过来，比自己吸引粉丝、制造流量容易许多。想要高效引流，运营者不仅要学会运用三种基本的方法，还必须有自己的方法。毕竟，在短视频平台上，营销者运营的账号和内容都不可能完全一样，想要夺人眼球、脱颖而出，拥有独特性是十分必要的。

▶▶▶ **网红语录**

1. 粉丝的数量不一定要非常多，但是要垂直，要精准，这样才能提高粉丝的黏性和转化率。

2. 咱是在风口浪尖上讨生活的人，要放得开，才能"吃得开"。

3. 将发达地区的商业模式搬到非发达地区，就能赚到钱。

多场景引流，将流量从线下带到线上

伴随着抖音和快手用户不断增多的现实情况，营销者将要面临的竞争也越发激烈起来。很多用户已经逐渐发现，现在的营销环境已经远不如几年前了。

其中的原因，一是同质化的视频太多，观众已经产生了审美疲劳；二是观众对短视频营销的套路已经有所了解，不会那么容易做出购买决定。

既然已经知道线上营销将要面临巨大的困难，并不能在短时间内制造出足够的流量，那么何不换一种思路，尝试将线下的流量引到线上来呢？

尝试线下引流，对场景的选择尤为重要。根据不同的目标群体和粉丝定位，策划并开展相应的活动，才能最大限度地吸引粉丝。

一般情况下，比较常见的引流场景有以下几种。

图10-3 常见的引流场景

1. 社区引流

进入社区之前，先要对社区的住户有一定程度的了解。因为不同的社区往往会有不同的人员构成，也就有不同的消费特点。

在实际操作过程中，最好选择那些与目标群体的特征契合度更高的社区来展开引流，这样成功率更高，效果也更好。

当然，人们的时间毕竟有限，想让每个住户都完整地看完视频，确实不易实现。这时就要灵活应对，可以让时间有限的住户先关注抖音或快手账号。

用这种方式进行引流，往往需要用小礼物去激发住户的兴趣，可以直接用礼物抓住住户的注意力，也可以在住户关注后再给予住户相应的礼物。

2. 校园引流

在校园尤其是大学校园中，有很多抖音和快手的忠实用户。他们用镜头记录自己的生活和对事物的认知，并与平台上的粉丝分享。

当引流对象是抖音和快手的用户时，很多营销者会觉得相对轻松。可是实际上，传统的策略对大学生根本没有吸引力，而且他们对抖音和快手视频的要求更高。在这种情况下，邀请他们参与短视频的拍摄，让他们成为视频产品的一部分，往往会让他们更加关注。

实际上，很多学校并不允许短视频营销者直接开展引流活动，当营销者无法与大学生进行直接接触时，不妨通过赞助校园活动的方式来增加自己的影响力。尽管需要一定的成本，但是回报率也比较高。

3. 消费场所引流

在消费场所进行引流，最主要的手段就是和商家合作。毕竟，到消费场所的人，通常都有自己的事情，非要让他们花费时间去观看视频，不仅无法吸引粉丝，反而会让人产生厌恶感。和商家进行密切合作，让顾客在消费或闲逛的间隙去关注营销者的账号，这是一举多得的引流方法。

当然，想要和商家形成长期的密切合作关系，双方就要互惠互利。除了付钱给商家外，短视频营销者还可以在视频中为商家打广告，以自己的宣传来抵消一部分推广费用。这样既能降低成本，又能给商家带来切实可见的实惠。

在不同的场景中做引流，需要根据实际情况采取不同的措施。但是，无论在哪种场景下做引流，都要关注后续的引流情况和效果。如果发现引流效果和预期相差甚远，那就要及早抽身，不要在这上面浪费金钱和精力。

▶▶▶ **网红语录**

1. 在做商业方面的尝试时，选择与自身形象契合的产品，效果会更好。

2. 世界上的事情永远不是绝对的，结果完全因人而异。苦难对于天才是一块垫脚石，对于能干的人是一笔财富，对于弱者是万丈深渊。

经营社群，让粉丝动起来

营销账号吸引到一定数量的粉丝之后，在平台上就会有一定的知名度和流量。这时候，如果营销者不采取任何行动，不去努力经营的话，那么粉丝的热情很快就会被耗尽，他们可能会减少观看的次数甚至直接取消关注。

所以，为了让粉丝数量越来越多，引来的流量越来越大，营销者一定要学会经营技巧，通过自己的经营去抓住粉丝，提升流量。实战操作已经证明，经营粉丝社群是一种很好的引流方式。

在互联网时代，营销模式已经发生了巨大的改变。花钱做推广的模式已经起不到太大的作用。产品的口碑、流量，对人们的影响明显更大一些。因此，很多营销者会选择经营粉丝社群，让社群里的人口口相传，逐渐扩大产品的影响力，进而引来更多的流量。

经营粉丝社群这个选择是明智的，但是很多营销者对社群经营存在一定的误解。经营社群并不是要寻找一些对产品有兴趣的人组成一个群体，然后不断扩大这个群体的数量，以便在这些人中持续宣传。而是要筛选出那些欲望比较强烈、兴趣比较高涨的粉丝，然后与这些粉丝合作进行推广传播。这些粉丝就是社群的中心所在，通过他们逐渐向外辐射，逐步扩大社群。这些粉丝带来的新成员，往往与粉丝有比较密切的关系，他们相互信任，对营销者的信任程度也较高。

也就是说，在社群中人与人之间的关系比较牢靠，粉丝的忠诚度也相对较高。毕竟社群往往建立在口碑传播的基础之上，说服这些粉丝的是产品本身，只要产品质量没有问题，社群的根基就不会动摇。

营销者经营粉丝社群，实际就是为自己打造强大的粉丝团队。粉丝越多，社群越大，营销者能够获得的流量就越大。当然，社群的扩大并不是盲目的。如果只关注粉丝数量，而不在意粉丝质量，那么粉丝社群的整体水平就会被拉低。一旦出现这种情况，那些真正有价值和影响力的粉丝就可能选择脱离社群。如果一直出现这种情况，那就会陷入恶性循环。最终的结果只有一个，那就是经营失败，社群解散。果真如此的话，不仅引流将无法实现，连粉丝数量也会锐减。

经营粉丝社群，能给粉丝提供一个互相交流的平台和阵地。对于营销者来说，不仅可以在这里筛选出优质粉丝，还能借助优质粉丝的积极活动去吸引更多的粉丝。当优质粉丝积极帮助营销者进行推广宣传时，引流的目的最终将会顺利达成。

▶▶▶ **网红语录**

1.流量为王，没有流量、没有粉丝等于零，有流量、有粉丝，不会变现也等于零。

2.快手每天都有上亿人观看，这就相当于一个上亿人的大集市。

3.用户愿意传播的产品，才能成为爆品。

第四篇
流量变现篇
DISIPIAN LIULIANGBIANXIANPIAN

第十一章

广告变现：最常用的价值变现方式

◎接广告，为品牌定制内容

◎好广告都在给粉丝讲故事

◎没有创意的广告不是好广告

◎ KOL 植入，影响力带动销量提升

接广告，为品牌定制内容

在抖音和快手平台上，为品牌打广告已经成为一种十分普遍的流量变现方式。和传统广告相比，这种巧妙的植入创意更足，也更有趣，对于观众来说，这种广告更有吸引力，也更容易被接受。在实战中，这种广告形式往往更能赢得观众的好感。

在抖音和快手平台上，不乏粉丝数量超百万甚至千万的运营者，他们身后隐藏的粉丝和流量是任何一个想要做广告的厂商都无法忽视的。也就是说，那些具有一定粉丝规模的账号运营者，并不需要自己去寻找厂商让自己打广告，只需要等着那些厂商上门和自己谈合作就行了。

当然，运营者并不是所有的广告都能接，也不能谁给的钱多就给谁做广告。在接手定制广告时，运营者需要考虑以下三个问题。

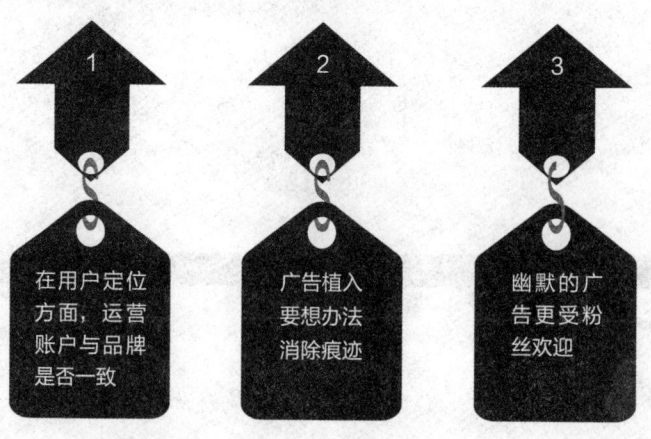

图11-1 考量广告的原则

1. 在用户定位方面，运营账户与品牌是否一致

每一个抖音和快手账户，都有其独特的用户定位。这个定位的确定，与视频的主要内容和拍摄方式都有十分紧密的关系，它也决定了账号将要面对的主要客户群体。在确定是否接广告时，要考虑账号和品牌对于用户的定位是否具有一致性。在定位一致的情况下，账号运营者制作出的广告才不会与以往的视频产生违和感。否则，广告的出现会让粉丝觉得很突兀，对账号的定位将会造成负面影响。

2. 广告植入要想办法消除痕迹

对于大多数人来说，看广告都是一件让人厌烦的事情。在短视频中同样如此，所以运营者在制作广告时，要想方设法地消除广告的痕迹。也就是说，广告要和视频融为一体，让粉丝不会因广告的存在而影响观看体验。更高级一些的广告植入，不仅不会凸显广告，反而会让广告成为锦上添花的部分。要想做到这一点，需要运营者花费更多的时间和精力去构思和制作。

3. 幽默的广告更受粉丝欢迎

笑话之类带有幽默元素的东西，往往更受人欢迎。即便是广告，如果能加入一些诙谐的内容，那么粉丝的接受程度也会更高一些。能用幽默的方式来演绎广告，不仅能给粉丝带来欢乐，也可以让粉丝加深对品牌的印象。

在短视频平台上，运营者有很多方法去打广告，如冠名直播、挑战赛等。无论运营者最终采取哪种方法，其初衷都是一样的，即实现流量变现，将粉丝带来的流量变成实实在在的利益。

在不违背初衷的情况下，运营者可以尝试用自己最擅长的方式去为品牌定制广告内容，将广告和视频巧妙融合，最终达成双赢甚至多赢的局面。

 网红语录

1. 想要改变口袋，先要改变脑袋。

2. 如果手机的价格特别贵，那客户就舍不得让它摔了。

好广告都在给粉丝讲故事

　　如果从众多的广告类型中选择出最受欢迎的那一种，那就一定是讲故事的广告。

　　一段广告的设计，要有地点、人物、时间等重要元素。而且，要有一定的故事情节，将所有的元素都串连成一个整体。也就是说，要用讲故事的方式来创作广告。受故事情节的吸引，粉丝才不会觉得广告抽象或空洞。更重要的是，故事的出现，会让粉丝对广告产生更加深刻的印象。

　　与僵硬直白的广告比起来，具有故事性的广告往往更容易打动粉丝，也更容易引发粉丝的积极传播。只不过，想要创造这种类型的广告，需要运营者在构思方面多下功夫。越是完整、吸引人的故事，越能给粉丝留下印象，对品牌的推广也更有益处。

　　想要创作出故事性较强的好广告，需要注意以下三点。

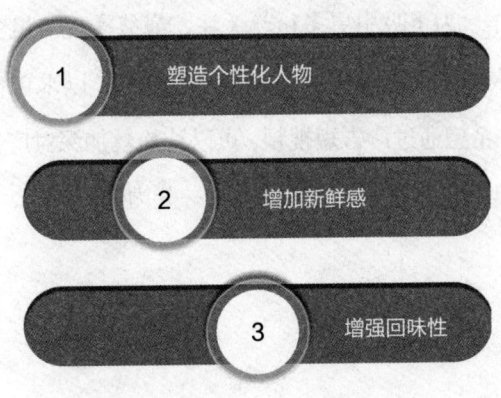

1　塑造个性化人物

2　增加新鲜感

3　增强回味性

图11-2　故事型广告的写作要点

1. 塑造个性化人物

在一个引人入胜的故事中，个性化的主人公是必不可少的，而人物的塑造成功与否则决定着广告视频的成败。人物的个性化，体现在性格、品位、行为方式等方面。假如人物能够令粉丝满意，那么广告视频就会取得不错的效果。

2. 增加新鲜感

长期使用抖音和快手的用户，会发现一个现象：这两个平台上都存在很多特点、风格相似的短视频。粉丝对这种视频并没有兴趣，那些有创意、新鲜感强的短视频才会受到关注和欢迎。而创作广告短视频，则需要更多的创意和创新，才能在抵消粉丝对广告的厌恶之后，仍具有促使粉丝完成变现的吸引力。

3. 增强回味性

一个好的故事，不仅需要精彩的开头和引人入胜的过程，也需要一个画龙点睛的结尾，以此来提升整个故事的格局。在故事的结尾，应该给粉丝留下回味和思考的空间，这会让他们对故事一直念念不忘。从营销的角度说，这种效果比直接给故事画上句号要好得多。

对于账号运营者来说，拍摄一段故事性十足的广告短视频，是一件很有挑战性的工作。为了吸引更多粉丝关注，最终实现流量变现，营销者需要让自己脑洞大开，尝试各种不同的思路和方法，以求创作出令粉丝满意度更高的产品。希望通过广告短视频，可以让粉丝加深对广告品牌的认识，最后可以做到自主自愿地为品牌传播贡献一分力量。

网红语录

1. 别把自己弄得太狼狈，如果你真的愿意去努力，你人生最坏的结果，也不过是大器晚成。

2. 营销的最高境界，是引导人性。

3. 让客户永远忠诚的核心秘诀是感动，要让客户觉得欠你，欠你，还是欠你。

没有创意的广告不是好广告

在抖音和快手平台上，有很多渴望通过流量变现来实现盈利的账号运营者。对于很多运营者来说，为别人做广告是一条流量变现的常规且重要的途径。

然而，在营销实战中，许多粉丝量众多的账号运营者，在给别人做广告时，并没有很好的表现，粉丝对广告的反馈也无法达到预期的效果。其中一个很大的原因就是广告缺乏创意，无法给粉丝带来视觉和心理上的冲击。

想要成为一个能拍出创意广告的短视频营销者，通常需要在以下三个方面多加锤炼。

图11-3　短视频营销者自我提升的方法

1. 关注其他用户的状态

现在，各个短视频平台的竞争越来越激烈，用户之间的竞争也随着用户数量的增多而变得激烈起来。对于账号运营者来说，想做出令粉丝满意的广告视频，不仅要提升自己的产品质量，还要关注其他用户的状态。关注竞争对手的运营状况和制作广告视频的方法，可以从中找到获取优势的方法，从而获得粉丝更多的认可。

2. 了解各种领域的知识

对于短视频运营者来说，做广告是一个综合性的工作，考验运营者知识的全面性和构思的巧妙性。只有了解各个领域的知识，才能在制作广告视频时做到融会贯通。这样不仅能向粉丝传递更多信息，也能让短视频变得更加精彩。了解各领域知识的方法其实有很多，如读书、上网等。只要愿意付出一定的时间和精力，就可以增加自己的知识量。

3. 日积月累地搜集素材

通常来说，广告短视频的构思和创意，并不是在一瞬间就能从头脑中迸发出来的，而是要经过很长时间的积累。只有在平时多搜集素材，积累资料，才能在制作广告时有更多的选择空间。一个颇具魅力的广告短视频，一定要走在时代的前沿，并且充满独特的创意。想要做到这一点，就需要足够的资料和信息，而信息的积累要通过系统的搜集和整理。在看到别人的精彩视频、读到精彩的词句时，都可以记录下来，这样长期积累下来，这些素材就可以成为创意的来源。

拍摄一则好的短视频广告，不仅考验运营者的构思能力、营销思维，也考验运营者的创意思维。没有创意的广告，从来都不是好广告。只有融入自己的创意，给广告打上自己的烙印，才能吸引粉丝的目光，并给粉丝留下深刻的印象。

▶▶▶ 网红语录

1. 卖货打广告，指令最有效。

2. 我意识到，不断创新之后还要想方设法保护自己的创意。不然好不容易结出的果子，一下子就被别人摘了。

KOL 植入，影响力带动销量提升

在抖音和快手平台上，有很多账号运营者会通过 KOL 植入的方式来提升广告的影响力，通过 KOL 自身的流量优势来带动销量的稳步提升。

所谓 KOL，其实就是在某些特定领域具有影响力的人物。通过 KOL，产品品牌可以与粉丝建立起更加紧密的关系，并且保持良好的互动关系。对于营销者来说，通过这种方式进行广告宣传，能够促进产品传播，让观众对广告的印象更加深刻。之所以如此，是因为 KOL 植入具有以下几个优势。

有利于创设对品牌的信任情境

· 通常情况下，KOL 本身就具有极大的吸引力，在他们背后有很多的粉丝，而且粉丝对他们的信任感很强。当粉丝将他们对 KOL 的信任转嫁到品牌上时，他们和品牌的关系也会更紧密，黏度更强

让粉丝产生与明星有同款产品的满足感

· 除了让粉丝对品牌产生信任，KOL 还能让粉丝产生心理上的满足感。对于很多粉丝来说，拥有一款与明星同款的产品，是一件十分骄傲和荣耀的事情。当粉丝紧密跟随 KOL，选择他们代言的产品时，产品的销量自然会有很大的提升

为粉丝和品牌搭建沟通桥梁

· 由 KOL 代言的短视频广告，往往能够吸引更多的粉丝关注，也会有更多的粉丝进行评论。品牌商通过这些评论，可以看到粉丝对产品的使用体验、真实感受等，这将为产品的后续改进提供相应的支撑，从而优化品牌的形象和口碑，进而得到更多的利益

图11-4　KOL植入的优势

　　KOL 的出现，为短视频运营者创作广告提供了一种新的途径。有了他们的辅助，短视频广告将会以更快的速度传播，在粉丝中形成更大的影响力。

　　当然，短视频营销者不仅可以邀请其他 KOL 参与自己的广告视频拍摄，还可以尝试将自己变成 KOL，这样的话，就能减少磨合的时间，不仅提升了拍摄效率，也让短视频广告更加符合账号和品牌的定位。

▶▶▶▶ **网红语录**

　　1. 我们想建立核心竞争力，就把我们的流量模式打造到完美。解决了流量问题，就解决了 90% 的问题。

　　2. 做视频电商，靠的不是粉丝量，而是流量和转化率。

第十二章

直播变现：让粉丝为产品买单

◎直播已成短视频平台的重头戏

◎边直播，边卖货

◎亲身试验，将产品优点呈现在粉丝眼前

◎靠粉丝打赏抽成

◎不能轻视的直播封面

直播已成短视频平台的重头戏

尽管直播行业早就已经出现，但是在短视频平台上，直播并不是一开始就有的。只是随着直播行业的火爆，尤其是在直播扩散到各行各业的情况下，短视频平台上的很多用户才开始尝试直播。

这些想要进入直播领域的用户，不仅有企业、商户，也有许多拥有众多粉丝的网红。尤其是在抖音和快手平台上，更是有数量可观的网红希望通过直播的方式实现流量的变现，从而获得丰厚的回报。

在短视频火爆一段时间之后，抖音和快手不约而同地选择了进入直播领域。尽管二者对直播的定位依然有所不同，可是在看待直播的态度上却出奇地一致。那就是给主播更多的机会，让主播从网络上吸收更大的流量。

之所以如此看重直播，是因为抖音和快手平台都看到了直播的巨大能量和潜力。短视频营销者通过直播提升了影响力，获得了更多的变现机会。而流量变现给平台带来的利益恰恰也是平台需要的。可以说，直播变现对营销者和平台都有益处，平台何乐而不为呢？

按照这种说法，既然直播对平台有如此多的好处，那么平台就该放开直播权限，让所有人都能享受直播带来的红利。然而，事实并非如此，在2016年之前的一段时间里，快手用户的直播权限受到约束，而抖音用户的直播权限直到现在也没有完全放开。对于这种限制，相信很多运营者都有很大的疑问，甚至因此对直播变现失去信心。

实际上，这种担心完全没有必要。抖音平台对直播权限进行约束，主要是因为它对用户和产品的定位有所不同。在当前情况下，抖音对直播用户的筛选相对严格，并不是所有人都具有直播的资格。毕竟，对于没有足够的粉丝和流量的抖音账号来说，开通直播并不会对流量产生太大的影响。对于那些有过不良记录或曾被封号的账户来说，运营者会利用直播做出怎样的内容，也是一个需要严肃对待和思考的问题。在网络资源有限的情况下，抖音平台或许更愿意将精力用在操控性更强、回报率更高的领域。

另外一个原因，在不同的时期，抖音平台关注的重点也不同。随着外界环境和市场情况的变化，相信抖音对直播权限的约束也会发生变化。

无论抖音和快手如何在直播领域布局，它们都已经入局。这说明它们对直播行业的未来前景是抱有信心的。这两个平台上的营销者只要严守平台规则，尽量多发布优质的视频，成为平台的优质账户，那么真正开始直播的时候就能吸引更多的粉丝，更轻松地实现流量变现。

从运营实战的角度而言，抖音和快手平台的直播虽然只是短视频营销的衍生品，但是就营销效果而言，直播确实已经成为流量变现的有效手段。营销者通过直播来吸引粉丝，增加流量，并通过巧妙的营销技巧让粉丝为流量变现贡献力量。

毫不夸张地说，直播已经成为短视频平台的重要组成部分，谁能更早地入局，更快地做好直播，谁就能更多地获得粉丝红利。

▶▶▶ **网红语录**

1. 我认为我的课程卖得好的原因有两个：有价值和人勤奋。

2. 以后人人都会直播，手机就是营业的窗口。

边直播，边卖货

在传统的营销模式中，卖货的地点通常是实体店。在网络时代来临之后，网店又成为卖货的另一个阵地。而随着粉丝经济时代的来临，直播成了卖货的主要途径之一。

在传统模式的营销中，产品口碑的建立主要通过客户传播来完成。可是在网络超级发达的今天，粉丝传播才是让产品迅速走红的最便捷的方法。

在网络上，一众网红通过粉丝流量将一个个产品推向市场，让人看到了短视频营销的巨大魅力。随着直播活动的兴起，网红们将产品营销推向了另一个高度。甚至不得不说，网红卖的并不是产品，而是粉丝带来的巨大流量。

网红进行直播，会吸引众多粉丝前来围观。对于运营者来说，这是最好的推广品牌的机会。要知道，网络的传播速度比传统的信息传播速度要快上数百倍。一个粉丝将产品和品牌传播出去，就可能带来数以百计甚至数以千计的新粉丝。这种涨粉速度是传统营销方式难以比拟的。

在抖音和快手平台上做直播时，可以充分利用直播的这一优点广泛地宣传产品和品牌，以便提升其知名度和增加销量。

在抖音和快手平台上，直播带货人越来越多，他们正是看到了直播带来的巨大商机和利润，才愿意投身这个巨大的卖货新战场。想要在短视频平台上赢利，就有必要跟上直播浪潮的脚步，在直播中不断挖掘潜力，提升能力，最终实现流量变现的目标。

想更好地通过直播来卖货，一定要注意以下三点。

图12-1 直播带货的注意事项

1. 根据粉丝喜好选货品

直播变现的目的，就是通过直播将货品卖出去。而卖货的前提是货品要让粉丝喜欢，能够满足粉丝的某种需求。如果主播卖的货品是粉丝根本就不需要甚至极为反感的，那么无论主播说出多么动听的话，运用多少营销手段，粉丝恐怕都不会买账。毕竟，在粉丝群体中，脑残粉终究只是少数。如果主播不站在粉丝的角度上去思考问题，而是自己想卖什么就卖什么，那么粉丝就会被主播伤害。这样造成的结果不仅仅是无法卖出货品，还有掉粉的可能。

2. 保持足够的观众数量

在直播过程中，直播间里的观众总是动态变化的，有人进来，也有人离开。当观看直播的粉丝数量很大（数万甚至数十万、数百万）时，即便走掉几百人，对直播间的人气也没有太大的影响。如果观众本来只有几十个，那么即使走掉十个粉丝，都将对直播造成毁灭性的打击。所以，保持足够的观众数量，对于直播的顺利进行是非常重要的。无论一个账号拥有多少粉丝，如果在直播的时候并没有足够的粉丝前来观看，那么某场直播就注定会失败，卖掉货的可能性也是微乎其微的。

3.与粉丝进行有效的沟通

粉丝能够进入直播间观看直播，很大程度上是因为支持和喜欢主播。对于主播来说，这些粉丝是自己流量的保证，也是实现流量变现的基础所在。在直播过程中，当粉丝做出评价或提出问题时，主播一定要及时给予回应，尝试与粉丝进行有效的沟通。这是主播当尽的责任，是拉近彼此关系的重要措施和手段。如果主播对粉丝的诉求漠不关心，让粉丝因受到冷落而失望，那么主播失去的就不仅仅是一个粉丝，还有这个粉丝身边的众多潜在粉丝。

如今，通过直播的方式带货，已经成为一种潮流，这是大势所趋。在抖音和快手上，已经有很多人成为直播卖货的先行者。他们的经验已经告诉我们，边直播，边卖货，确实是一条直播变现的捷径。

▶▶▶ **网红语录**

1.我仍然在默默地坚守着，不为粉丝数，不为礼物，只为心中的理想。

2.我在走，你在看，至少我在创业过程中遇到哪些坎儿，我都告诉老铁们。

3.开直播干什么？当然就是卖货了！

亲身试验，将产品优点呈现在粉丝眼前

在网店刚刚兴起的时候，就有人预测实体店将会逐渐消亡。尽管实体店的数量确实呈现减少的趋势，可是它远没到消亡的那一天。我们甚至有理由相信，实体店永远不会消失。无论网络多么发达，网络营销多么红火，网店都无法替代实体店。其中很重要的一个原因，就是网店无法给予顾客真真切切的体验感。

当然，为了满足顾客对亲身体验的追求，很多网店也曾做出很多努力，如线上试衣等，可是实际效果都不是很理想。毕竟，每个人的体型和身材都不一样，仅靠虚拟的人物和数据显然无法和真实的顾客体验相提并论。对于很多顾客来说，这是网店购物的一大痛点，也是他们无法完全接受网店的重要原因之一。

于是，在粉丝经济时代，尤其是直播兴起之后，很多主播开始亲身为粉丝试验产品，通过直播自己的试穿体验、使用感受等，让粉丝对产品产生更加清晰和直观的认知。直播给粉丝带来的心理冲击，显然比短视频更为强烈。

为粉丝试验产品，能让粉丝更直观地看到产品的优点，增强了说服力，让粉丝从心底里愿意接受产品。更为重要的是，通过这样的方式，可以提升品牌的信誉度和影响力，让更多人认识和了解品牌，最终成为品牌的粉丝。

亲身为粉丝试验产品，是主播设身处地为粉丝考虑的一种表现，也是主播信任和喜爱产品的外在呈现。毕竟，如果主播只是一味地推销，却不

愿意使用自己推销的产品，那么粉丝难免会认为产品质量不可靠，或者主播的推荐不值得信任。一旦粉丝产生这样的想法和质疑，那么对主播和直播都将产生极大的负面影响。也就是说，无论从哪个方面考虑，主播都有必要为粉丝亲身试验，现身说法，这样才更容易让粉丝信服。

 网红语录

1. 摆地摊也是一种直播，只不过观众就是来市场赶集的人，是地摊周围的人，但视频直播的观众就是所有拿手机的人，是在刷短视频的人。

2. 生活最大的落差：你配不上自己的野心，也辜负了所受的苦难。

靠粉丝打赏抽成

如今，抖音和快手已经不单单是短视频平台，很多人为了实现流量变现，不仅通过短视频去吸引粉丝，积累流量，更是通过直播的方式来完成这一目标。

有一点必须承认，那就是粉丝对短视频和直播的贡献是巨大的。很多短视频营销者正是看到这一点，才选择走进直播领域，期望以最快的方式将流量变成实实在在的利益。

在很多直播活动中，粉丝可以通过打赏礼物的方式来支持自己喜欢的主播，而打赏的礼物是需要花钱才能买到的。也就是说，粉丝将自己的钱送给了主播。这些钱，就是主播的直接收入。

虽然主播并不能将所有的钱都据为己有，而是只能得到一定的抽成，可是当粉丝的打赏足够多时，这笔收入也是相当可观的。

通过从打赏中抽成的方式来变现流量，操作起来并不十分复杂。首先，自然是要展示自己的才华。唱歌、跳舞、书法、超级记忆等，只要拥有才华，就可以在直播中呈现，只要粉丝喜欢，他们就可能打赏。

如果想让粉丝对直播保持持续的关注并给出更多的打赏，那么主播需要与粉丝进行积极的互动，并向粉丝呈现更多、更优秀的才能。只有这样，粉丝才会更喜欢主播，才会愿意给出更多的礼物去打赏主播。

在做直播的过程中，主播需要注意以下四点。

牢记直播主题	多谈有营养的话题
○ 每一场直播通常都有固定的主题，牢记主题，才不会让直播偏离方向，避免浪费自己和粉丝的时间	○ 没人喜欢无趣的、毫无营养的沟通。如果粉丝在直播中什么都得不到，他们就会对主播心生不满，甚至退出直播间

给出有益的建议	诚挚表示感谢
○ 粉丝收看直播的目的，大多不是为了买货。主播要站在粉丝的角度上，给出于他们有益的建议，以此留住粉丝的心	○ 无论粉丝最终是否买货，能进入直播间就是对主播的支持，主播应该对此表示感谢，以真情去打动粉丝

图12-2   直播中的注意事项

对于主播来说，每一场直播都是一次流量变现的机会，但是变现的前提首先是要把粉丝留在直播间。在直播过程中，主播只有牢牢记住这一准则，才能让粉丝记住自己、喜欢自己。当粉丝愿意花钱打赏主播时，主播的流量也就实现了变现。

▶▶▶▶ **网红语录**

1. 粉丝越多越好吗？错！我们需要的是精准粉丝。

2. 播放量是金，粉丝量是银。粉丝再多，没有播放量也是枉然。

3. 抖音不是讲道理的地方，而是一个讲情绪的地方。

不能轻视的直播封面

在运营抖音和快手直播的过程中，很多运营者都十分关注直播的内容，力求将直播内容做得专业、细致，甚至完美无缺。但是，如果运营者只是一味关注内容，却忽视了其他环节，那么直播活动就会出现瑕疵甚至大问题，对直播的效果产生巨大的负面影响。

在直播变现的所有环节中，一个很容易被忽视的重要环节就是直播封面的设计和选择。有些人或许觉得，一个封面而已，只要找张照片就能搞定。

而实际上，事情并不像想象的那样简单。因为抖音和快手平台会对直播封面进行严格的审核，那些不符合规定的封面，都会被要求重新制作。

通常来说，短视频平台限制或禁止的封面，包括以下三类。

（1）封面与自己的照片或直播内容无关，如明星照片、卡通人物等。

（2）主播衣着暴露或行为、姿态不雅的照片，如抽烟、喝酒、炫富等。

（3）照片模糊不清，或有二维码、马赛克，以及打广告等。

上述几类照片，是一定无法获得平台认可的，根本无法作为直播封面出现。了解这些知识，可以节约封面设计和制作的时间，为直播争取更多的准备时间。当然，仅仅做到规避禁区是远远不够的，想要制作出优质的封面，让粉丝瞬间被吸引，需要多多注意以下两个方面。

1. 颜值类主播

对颜值类主播来说，直播封面最好是自己的照片。可以选择半身照或特写来凸显自己的颜值，甚至可以适当地对照片进行修饰，但一定要保证照片真实。

那些过于抽象、加了特效的照片，是不允许使用的，而清晰简洁、光线适中的照片才是首选。离镜头过近的照片，则不适合当作直播封面。

2.才艺类主播

对于才艺类主播来说，直播封面最好是展现自己才艺内容的照片，如自己的表演照片就是很好的选择。对照片的要求同样是清晰简洁、光线适中。如果照片中出现了器械，则要注意照片的整体构图。

那些场景过大的照片，并不适合当作直播的封面，因为它会分散粉丝的注意力，令粉丝忽视自己的关注点。

在直播封面的选择这个问题上，很多主播的做法都是难以令人满意的。他们过度轻视直播封面，这让他们的直播间难以吸引足够的粉丝。要知道，现在的粉丝不仅希望看到精彩的内容，也希望看到精美的外包装。在直播封面上多下功夫，并不是做无用功，而是真真切切地具有吸引粉丝的作用。

▶▶▶ **网红语录**

1.客户关系是会变化的，不是越来越好，就是越来越坏。

2.做生意是一个系统，有钱的出钱，有力的出力。

3.做营销是为了赚钱，能交到朋友是意外之喜，交不到也很正常。

◀◀◀

第
十
三
章

IP 变现：掘金粉丝经济时代

◎贴个标签，塑造个人品牌形象

◎打造强大的带货能力，网红才能一直红下去

◎联合强大 IP，为变现助力

◎构建企业自己的 IP

◎形成个人超级 IP

贴个标签，塑造个人品牌形象

在抖音和快手平台上，网络红人简直多如牛毛。想从如此多的竞争对手中脱颖而出，给自己一个合适的标签，塑造个人的品牌形象，是十分重要的。

实际上，在很多演员和艺人身上，这种形象的包装工作一直都在进行。他们的公司或经纪人会为他们设计一个特征鲜明的个人形象，这就是他们的"人设"。在网络上，我们有时会看到"演艺圈×××人设崩了"之类的新闻，这就说明这个艺人做了一些与他人设不符的事情，让人瞬间改变了对他的看法。可见，人设就是一个人的标志性符号，对这个人具有非常重大的意义。而且，一个人的知名度越高，他的人设就越容易受人关注。而这个人设就是个人的品牌形象。

在抖音和快手平台上，粉丝数量比较大的用户往往都有自己独特的人设，而且他们可以一直维护自己的人设。无论是做短视频还是与粉丝交流，都能始终保持同一种风格。正是这种一贯性，让他们赢得了数量庞大的粉丝。反过来说，如果他们的人设也出现崩塌的情况，那么他们之前所做的一切努力都可能白费。

短视频运营者的人设，其实就是他们给自己贴的标签。这个标签早在刚刚进入短视频领域的时候就已经确定了。在确定之后，运营者就要以人设的标准来要求自己，无论做什么，都要与自己的标签始终保持一致，否则就是对自己的否定。一个连自己都否定的人，显然很难赢得其他用户的认可，自然也就无法赢得粉丝。

从这个角度上又可以证明，那些拥有众多粉丝的网络红人，恰恰是可以一直按照人设的标准去行事的人。

个人品牌形象的塑造，并不是简单说说或随意决定的，它是一个综合性的长期工程。一旦确定了自己的人设，就必须坚持按照标准执行下去，如果运营者"三天打鱼，两天晒网"，那么再好的人设也会有崩塌的一天。

打造独特的个人形象，设定人设能对特定的目标群体产生强大的吸引力。对于想要在抖音和快手平台上"红"起来的运营者来说，这是一个必要的运营环节。

通过对个人品牌形象的深耕细作，会有越来越多的粉丝关注这个账号，当粉丝数量积累到一定的程度时，这个账号就会变成力量巨大的 IP，当品牌商或广告商注意到这个 IP 时，距离实现 IP 变现就不远了。

▶▶▶　**网红语录**

1. 农民就是农民，消费者也是看中我的淳朴和原生态。如果我要炒作，那就不卖山货了，做点别的不是更轻松吗？

2. 靠外在吸引人的网红，很容易过气；通过内在去吸引人的，他的变现深度和变现长度，是你难以想象的。

◀◀◀

打造强大的带货能力，网红才能一直红下去

随着短视频平台的逐渐兴起，越来越多的普通人开始有了展现自己的机会。甚至有人开玩笑说："现在是一个全民造星的时代。"虽然这话说得有些夸张，但从一个侧面反映出短视频确实对人们的生活产生了巨大的影响。

随着越来越多的个人、企业进入抖音和快手平台，这里的竞争越发激烈起来。很多网红虽然自带巨大的流量，但是由于在带货能力方面稍显欠缺，所以很难成为广告商或商家的选择对象。如果没有机会成为卖货的人，自然也就无法将自己的流量变现。对于网红和短视频营销来说，这都是一种资源的浪费。

想要改变这种局面，网红需要不断提升自己的带货能力，为广告商和商家赢得利益。当他们看到实实在在的利益时，自然会对网红刮目相看。这样一来，网红的机会就会越来越多，实现流量变现的途径也会越来越多，能够得到的利益自然也就越来越多。

网红只有打造自己强大的带货能力，才能为自己的内容输出提供源源不断的资金和资源。反过来，内容的输出又让网红得到了收益。如果网红愿意将自己的收益用于提升带货能力，那么这将形成一个良性循环。在这个循环的推动下，网红的变现能力将越来越强大。网红这个 IP 的竞争力将会无限增强。对于网红和希望利用网红 IP 变现的人来说，这是一个很好的消息。

　　尽管如今的网红已经不再像前些年那样受人关注，但是网红带来的红利依然在持续。对于网红来说，增强带货能力是实现 IP 变现的重要手段之一。对于抖音和快手账号的运营者来说，网红则是增强账号号召力的保证，因此借助网红去实现变现，是一个十分正确的选择。

　　网红究竟能在网络上红火多久，在一定程度上反映着人们对粉丝经济的认知态度。当粉丝愿意接受网红，愿意持续为网红的流量变现做出贡献时，网红就有存在的价值和发展的空间。虽然现在的很多网红都有自己的团队，但是如果没有粉丝的支持，那么网红做再多的努力也只是枉费时间和精力而已。

　　在如今的环境中，市场对网红的要求已经有所改变。仅仅吸引流量已经远远不够，更重要的是需要将流量变现，这才是很多厂商和广告商看重的。只有那些拥有强大带货能力的网红，才能在如今的市场上占据一席之地，才能享受粉丝经济带来的红利。

▶▶▶ 网红语录

1. 做销售，有的钱能省，有的钱不能省，要花小钱挣大钱。

2. 现在是做短视频营销最好的机会，否则就错过了一个时代。

3. 如果你只会用网络玩游戏，那你就是坐在金矿上捡垃圾。

联合强大 IP，为变现助力

　　在抖音和快手平台上，有许多企业、个人等运营者都在期待突然爆红，也都在排队等着流量变现。然而，在短视频营销这个巨大的市场中，并非每个人都能得偿所愿。真正能够实现变现的，只是极少数的运营者。

　　既然竞争如此残酷，能够获利的人又如此少，为什么还有那么多人义无反顾地投身其中呢？原因其实很简单，通过以往的案例不难发现，真正可以实现变现的运营者往往会持续获利，而且获得的利益都十分可观。

　　对于很多运营者来说，做短视频营销很可能在一夜之间爆红，很可能只投入极小的成本就获得巨大的利润。正是在这种心态的影响下，一个个运营者竞相选择加入短视频营销的阵营。即便爆红的概率极低，但是受博弈心理的影响，人们更愿意选择以小博大。如果成功，那么皆大欢喜；即便失败，也没有太大损失。

　　在抖音和快手平台的众多用户中，一大部分都是很平凡的普通人，他们缺乏团队和外部资源的支持，想要一夜爆红并非易事。但是，这并不意味着他们没有成功的可能。任何一个短视频运营者，都可以通过联合强大的 IP，为流量变现助力。这种变现方式是一种双赢的模式，不仅能带动自己的账户，也能给 IP 带来切实的利益。

　　通常来说，运营者可以通过以下三种方式来实现与强 IP 的联合。

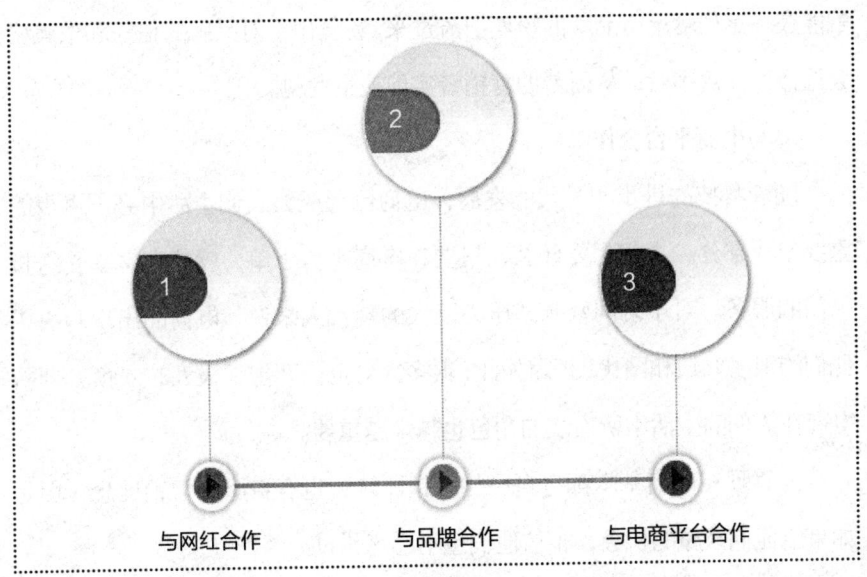

图13-1 联合强IP的方式

1. 与网红合作

在粉丝经济时代，网红对营销的影响力度是超出很多人意料的。网红的背后是数以百万计乃至数以千万计的粉丝。网红的一个细小动作，就可能在网络上形成巨大的波动，甚至带动一股潮流。

与网红合作，可以借助网红本身的影响力，对自己的营销进行加持。只要粉丝认可网红，他们就会对营销活动表示认可，就有很大的可能为营销产品买单。

2. 与品牌合作

无论是在传统营销模式中，还是在网络营销中，品牌的力量都是不能忽视的。对于很多粉丝来说，品牌代表着信任，更是一种感情上的寄托。二十年如一日地使用同一种品牌，甚至代代相传地使用同一种品牌，则是对品牌产生了依赖，与品牌之间已经形成了感情纽带。

正因如此，如果能与品牌合作，将品牌融入自己的营销活动中，那么就能在一定程度上将品牌的粉丝引流过来。粉丝出于对品牌的信任和依赖，会选择信任营销者，从而帮助营销者实现流量变现。

3. 与电商平台合作

随着科技的进步和时代的发展，电商已经成为人们生活中必不可少的重要组成部分。人们想要什么，只要在电商平台下单，就能在家享受送货上门的服务。对于时间紧张、压力巨大的现代人来说，电商的出现解决了他们的很多麻烦和困扰。正因如此，很多人对电商产生了极大的依赖。同时，电商在人们的生活中所扮演的角色也越来越重要。

尽管现在电商基本都有自己的营销团队，也有自己的营销理念，但是如果给他们共赢的机会，相信他们也不愿意错过。

与电商平台合作，是将自己与电商捆绑在一起，通过电商对人们的极大影响力，去实现吸引更多粉丝的目的。在电商平台的强力加持下，引流变现将变得简单起来。

抖音和快手平台给了所有的营销者一个机会，让营销者在这个平台上拥有自己的粉丝，尝试将流量变现，最终创造自己的营销神话。可是，并不是每个人都能把握住这个机会。其中一个很重要的原因在于，很多营销者并不懂得整合资源，不善于利用强大的 IP 为账号引流。在营销过程中，与强大的 IP 展开紧密合作，是完成变现目标的重要手段。

▶▶▶▶ **网红语录**

1. 谁能解决你的问题就跟谁合作，谁有你需要的东西就跟谁学习。

2. 从自己身上找问题，一想就通了；从别人身上找问题，一想就疯了。

3. 没有人帮你，说明你一个人可以。

构建企业自己的IP

在抖音和快手平台上，有很多拥有众多粉丝的超级IP。他们自带粉丝和流量，常常是品牌和广告商追逐的目标。

粉丝经济的蓬勃发展，让许多企业看到了无限商机。他们意识到，通过塑造IP，可以为公司带来粉丝和流量。在这个流量为王的时代里，实现流量变现是一种快速盈利的模式。于是，他们选择签约和培养大量网红，希望通过网红来实现短视频营销的目标。

眼下，很多时尚品牌都在尝试通过IP与客户建立起亲密关系，这是因为他们已经看到了粉丝经济的巨大能量。通过超级IP去带动粉丝，将短视频营销作为新的营销切入点，已经被证明比传统的营销模式具有更多的优势。

在以往的营销模式中，品牌和消费者之间的联系少之又少，即便有联系，更多的也是单向联系，不像如今这样频繁地进行双向联系，更没有粉丝之类的说法。而在粉丝经济时代，品牌和粉丝之间的互动不仅已经成为营销活动的重要组成部分，也成为企业运营能力的一种衡量指标。

鉴于此，企业想要受到粉丝的关注和青睐，就一定要有自己的IP。通过IP与粉丝进行有效互动，增强粉丝黏度，最终实现IP变现，将粉丝流量变成真实可见的利润。

当然，品牌在短视频平台上塑造自己的IP也并不容易。尽管品牌有更雄厚的经济实力，有更强大的团队支撑，可是如果不掌握技巧，也不能触动粉丝，那么一切都是徒劳。

在实战中，企业通常需要关注以下两点，以便更好地塑造自己的 IP。

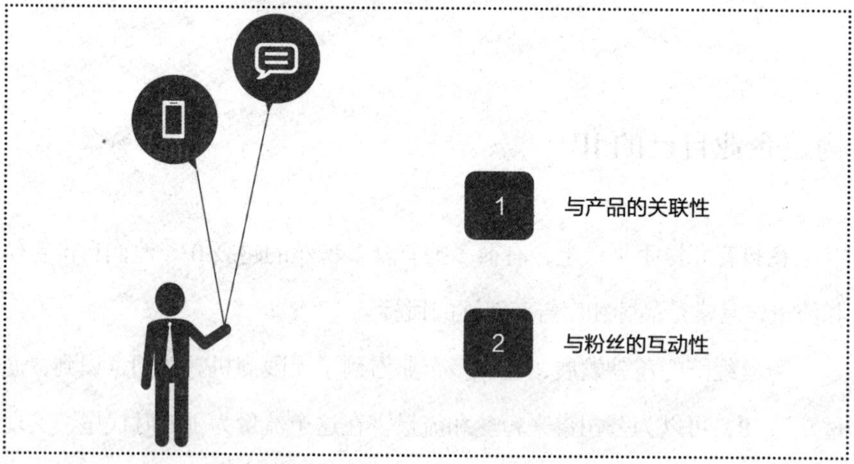

图13-2　构建企业IP的关键要素

1. 与产品的关联性

企业塑造 IP 的最终目标，是销售产品。因此，IP 一定要与产品有所关联，而且关联性越强，对最终的销售成功就越有促进作用。

2. 与粉丝的互动性

如果企业 IP 只能吸引粉丝，带动流量，却无法实现流量变现，那么这个 IP 的存在就没有太大的意义。只有 IP 能与粉丝进行良好的互动，才能促使粉丝主动宣传和分享，进而带来更多的粉丝和更大的流量。

总而言之，企业在塑造 IP 的过程中，需要有明确的定位和价值观，而且要坚持以价值观为导向，避免定位发生偏移。只有如此，才能凸显企业的独特魅力，从而吸引更多粉丝关注，不断扩大自己的流量池。

▶▶▶ 网红语录

1. 和不同的人在一起，会出现不同的江湖。生活如此，工作如此，亲情也如此。

2. 最牢固的关系，就是没有关系。

形成个人超级 IP

在抖音和快手平台上做营销的人，往往都会发现这样一种情形：一些占据领头地位的网红们，大都形成了个人的超级 IP。

在抖音和快手平台上，形成个人超级 IP，其意义不仅在于拥有数千万的粉丝，更重要的是它与商业价值有着密不可分的关系。一般的网红当然也有商业价值，也有人愿意与他们合作去开发这些价值。但是与超级 IP 比起来，这种价值简直微乎其微。这就是超级 IP 的惊人能量，每一个做短视频营销的人，都要对它加以重视，将它放在非常重要的位置上。

对于大多数短视频营销者来说，追求商业价值是永恒的目标，而更高的商业价值则是更加渴望达成的目标。可以说，营销者所做的一切运营活动都是为实现更高的商业价值服务的。

在抖音和快手平台上，实现流量变现的方法有很多。究竟哪一种方式、哪一种路径才是最好的选择，相信每个人都有自己的判断。毕竟每个人都有自己习惯的运营方式，也有自己擅长的变现方法，但是综合而言，打造个人超级 IP 这种方式，是相对更加容易实现的。

抖音、快手平台上的网红有千千万万，可是能够形成个人超级 IP 的却屈指可数。造成这种情况的原因主要有两个。

（1）抖音和快手平台的流量红利已经接近峰值。

（2）抖音和快手平台上的竞争已经趋于白热化。

随着这两个平台用户数量的增加以及粉丝留存时间的不断延长，粉丝能够观看到的视频也越来越多。在短视频同质化越来越严重的情况下，很多粉丝已经失去了继续寻找的兴趣。在这种情况下，短视频的完播率不断下降。对于短视频营销者来说，这是巨大的考验。而打造个人超级 IP，则是摆脱困境的一种有效方法。

实际上，打造个人超级 IP 并没有什么独到的法门，更没有一蹴而就的捷径。从账号设置、粉丝定位、养号方法到内容选择、拍摄技巧、粉丝引流等，每一个步骤都需要精心打理。只要将在这个过程遇到的所有问题都处理好，那就走在了打造个人超级 IP 的正确道路上。

当然，在这个过程中可能遇到的问题远远不止这些，还有可能遇到黑粉，遭到抄袭，被人恶意评论等。这些问题虽然会给账号运营带来麻烦，但是只要解决好了，那么离个人超级 IP 的目标就会越来越近。

▶▶▶ **网红语录**

1. 人若没有高度，看到的都是问题。

2. 你可以发自己的光，但请不要吹灭别人的灯，这是一个人最起码的修养。

第十四章

知识付费：输出和分享实用课程

◎知识付费时代降临

◎明确受众定位，流量轻松变现

◎收集整理素材，为知识变现奠定基础

◎课程需要不断推广

知识付费时代降临

随着时代的发展和进步，越来越多的人对知识产权有了清晰的认识。用知识换取金钱，这是一个人的权利，也是一个人的能力。

就市场趋势而言，知识付费是一种不可逆转的趋势。造成这一现象的原因主要有两个。

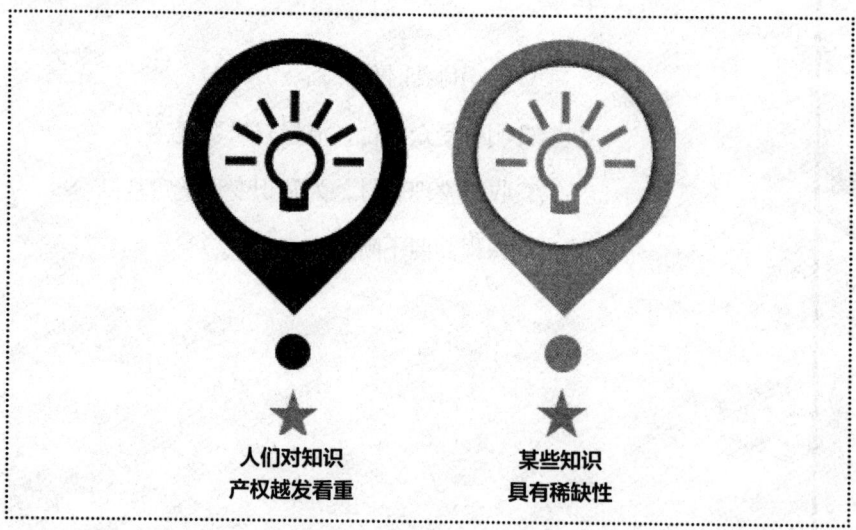

图14-1　知识付费兴起的原因

1.人们对知识产权越发看重

在过去，人们对知识产权并不重视，伴随这种思想而来的结果就是盗版书、盗版CD等充斥市场。对知识产权的剽窃，给产权所有者造成了极大的伤害，不仅让他们在金钱方面有所损失，也让他们失去了创造新知识的动力。

如果从更大的层面进行思考，那么剽窃知识产权的行为会给整个国家的文化产业带来巨大的冲击。鉴于这种情况，国家制定了相关法律，强调了知识产权的重要性，也给人们提供了保护自己合法的知识产权的依据和参考。

随着人们保护知识产权的意识逐渐增强，开始有人尝试通过自己的知识来换取金钱。在一些人看来，这种行为就是卖知识，是拜金主义的一种表现。这种想法是极端错误的，只是由于人们习惯了免费得到别人的知识，所以对突然收费的知识产生了抵触情绪。这就像有些电视台开通付费电视时给人带来的感觉是一样的，当一直免费的东西突然要收费才能得到时，人们从心理上自然难以接受，对此产生情绪也完全可以理解。

但是，这并不是人们拒绝为知识付费的理由。毕竟，知识产权所有者在学习知识、刻苦研发的过程中，已经付出了大量的时间和精力，他们没有理由将自己殚精竭虑得到的知识、成果等拱手送人。

从知识付费的本质上说，它不过是一种合情合理、你情我愿的公平交易。如果你想得到更多、更高精尖的知识，以期获取更高的职位、更好的待遇等，那么你就应该为将会得到的收获付出点儿什么。这样的交易，才是公平的。如果你只想收获，却不想付出，那只能说明你的意识出现了问题，已经跟不上时代的潮流。

2. 某些知识具有稀缺性

随着网络技术的增强，人们得到各种信息和知识的渠道越来越多，速度也越来越快。在网络上，几乎所有的知识都能查到，所有的难题都能找到解决办法。在这种情况下，一些基础知识就成为所有人都能共享的东西。可以说，网络技术的快速更新和发展，使得人与人之间的知识水平差距越来越小。

　　对于大多数人来说，这种改变是一件好事。但是从另一个角度来说，当基础知识成为所有人的"标配"之后，另外一些较为高深的知识，就变得十分稀缺了，如果有人想学习这些知识，让自己的学识变得比别人更加渊博一些，那么他自然愿意为这些知识付费。

　　换句话说，知识付费其实是一个门槛。愿意付费的人可以得到更多的稀缺知识，让自己变成更优秀的人；不愿付费的只能掌握那些基础知识，想要提升自己自然有很大的难度。每个人的选择不同，对知识付费的认知自然也不相同。

　　无论接不接受知识付费，知识付费的时代都已经降临了。在这个新的领域里，短视频运营者多了一个可以实现流量变现的途径。在知识付费尚未形成大势的情况下，及早进行布局，将会给短视频营销者带来更多的商机，在未来也将获得更多的利益。

▶▶▶ **网红语录**

　　1. 毕竟养不了家也糊不了口的家伙什，对普通人来说还能有什么现实意义吗？

　　2. 凡事会就不难，不会就难。

　　3. 所谓商机，就是别人怀疑的时候，你已经行动了。

明确受众定位，流量轻松变现

在知识经济火热的当下，知识变现俨然成为一个大趋势。尽管目前尚未表现出足够的控制力，但是从未来的预期看，知识付费将会成为流量变现的一个重要途径。

随着抖音和快手等短视频平台的火爆，知识付费也有了新的玩法。比如，一些教孩子画画、英语、数学等课程的教学机构都开始在抖音和快手平台布局，并通过知识付费成功做到了变现。

无论是教学机构还是个人运营者，想要通过知识付费实现变现，首先要做的就是明确受众定位。也就是说，要明确究竟想赚谁的钱。只有做好这一定位，才能更精准地进行营销，让知识变现成为可能。

比如，你想做口才培训，经过简单的调查就不难发现，你的受众范围非常广泛，可以是学生、老师、工人、老板、演讲爱好者和想要提升表达能力的人等。其中，学生这个群体又可以划分出很多类型，如学龄前儿童、小学生、中学生、大学生等。这样细致地划分之后，就能找到最想面对的受众群体。

在这之后，再根据受众群体的总体特征，为他们提供针对性更强的产品。那些能够满足粉丝需求的产品，才能让粉丝感到满足。对于粉丝来说，这种心理上的满足感是他们持续关注运营账户的动力所在。如果运营账户可以一直给予粉丝有针对性的刺激，那么粉丝就会对账号保持更多的兴趣。在这种情况下，运营账户做营销的成功率才更高，也更容易实现流量变现。

由此可见，明确受众定位对于知识变现具有非常重要的意义。如果一个营销者连受众的总体情况都不了解，那么他根本就无法根据受众的画像去制定相应的营销策略。当营销者毫无目标地展开营销活动时，他只会落入失败的局面。

 **网红语录**

1. 一个人一辈子不做任何尝试，他都没有资格遭遇失败。

2. 学会感恩，学会付出，学会担当，全世界都会为你让路。

3. 你的形象，一定要走在你的能力前面。

收集整理素材，为知识变现奠定基础

既然是知识付费，那么就要求短视频营销者具有一定的知识储备，能够为粉丝答疑解惑，给粉丝带来一定的知识。而知识储备的核心就是收集和整理素材，从而掌握更丰富、更多元化的知识，在粉丝提出问题时能够给予正确的解答。

在互联网上，各种知识都能找到。即便是一些十分冷门的知识，也有人在网上分享。短视频营销者只需要花费一些时间和精力，去网上收集和整理这些素材，就能形成一套完整的知识体系。也可以说，想做知识变现，为别人传授知识，那么必须自己先学会足够的知识。

有人会质疑网上的某些知识并不正确，甚至有一些完全是谬论。这种情况确实有，但是毕竟只是一小部分。更何况，收集和整理素材并不是机械地复制、粘贴，而是要认真地去学习、研究和求证。只有通过求证确认正确的知识，才能成为知识付费的内容。

对于一些刚刚涉足知识付费领域的短视频营销者来说，如何确保知识的准确性是一个难题；如何让粉丝感到满意，进而愿意为知识付出费用，也是一个难题。这两个难题并立而存，让运营者颇感为难，而解决这两个难题，其实就是解决如何将知识变现的问题。

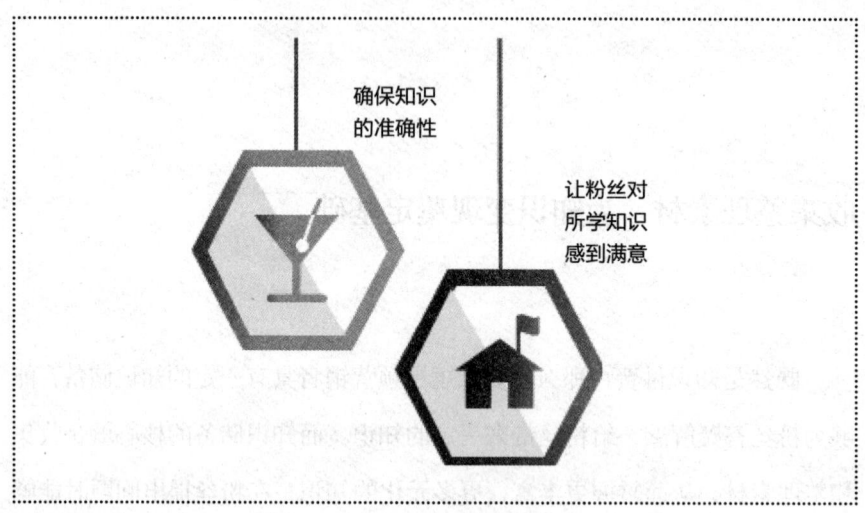

图14-2   知识付费变现的难题

1. 确保知识的准确性

通过知识付费实现流量变现，很重要的一个前提是知识的准确性必须有所保证。如果粉丝发现花钱购买的知识是错误的，那么他们就会比买到假货更加愤怒。这是由知识的严谨性决定的。一个对知识如此不负责任、根本没有科学精神的人，尤其是作为一名运营知识付费的营销者，注定无法赢得粉丝的认可。

2. 让粉丝对所学知识感到满意

粉丝对付费得到的知识持有什么样的态度，很大程度上取决于他们得到的知识是否真的有用，是否符合他们的预期。要知道，知识是精神食粮，能够填补精神上的空缺。粉丝更希望从知识中获得的，自然是精神和心理上的满足。因此，做知识付费的产品，一定要能击中粉丝的心灵，让他们发自内心地愿意为知识付费。

知识的收集和整理工作，对于实现知识变现具有非常重要的意义。只有在短视频营销者能够用知识吸引粉丝、说服粉丝的前提下，粉丝才会愿意为知识付费。当粉丝花钱购买知识的时候，营销者才算达成了知识变现的目标。

 **网红语录**

　1. 我有两点体会：一是转换思维，二是变现为王。

　2. 所谓成功，就是敢为人先。要敢想敢做，先人一步。

　3. 你难的时候没人帮你，是因为你没有价值。

课程需要不断推广

对于短视频营销者来说，做知识变现并不是收集一些知识，录制一些视频那么简单。在视频录制完成以后，营销者需要将视频推广出去，在粉丝中形成影响，并推动粉丝进行二次传播，进而在整个网络形成学习热潮。

具体来说，课程的推广需要抖音、快手等平台的助力，也需要粉丝进行传播接力，逐渐将视频传到更广的范围，让更多的用户和观众看到课程。

课程录制好之后，可以上传到抖音和快手平台上，得到粉丝的关注并获得更多的粉丝。在粉丝积累到一定数量时，就可以尝试将这些流量变现。

一般来说，实现变现的方法有以下四种。

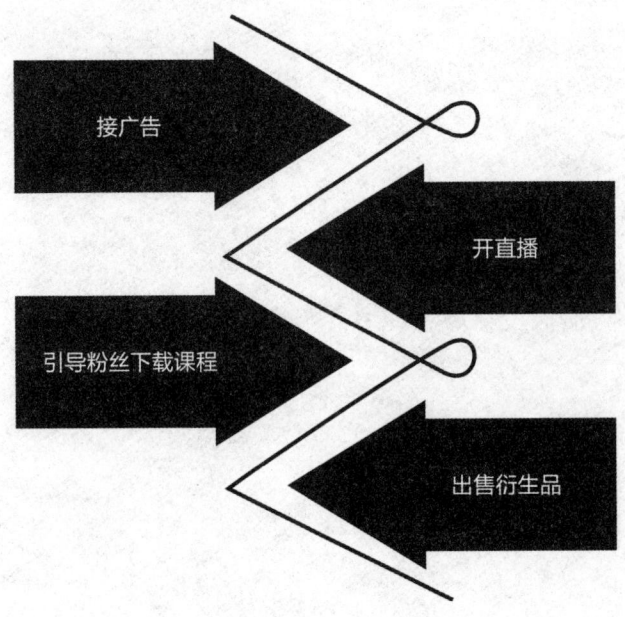

图14-3　课程变现的方法

1. 接广告

通过广告变现，是实现流量变现的一条重要途径。具体到知识付费上，运营者在接广告时更要慎之又慎。粉丝对知识的重视程度，显然不是一般产品可以比拟的，尤其当课程是家长为孩子购买的时候，广告的内容和形式更要严加审核。

2. 开直播

在抖音和快手平台上，有很多运营者在直播相关课程。尽管课程的内容可能有所不同，但是用直播来带动课程销售的模式几乎都是一样的。通过直播，运营者可以直观地为粉丝解读知识，还能收取粉丝的打赏，可谓一举两得。

3. 引导粉丝下载课程

在短视频营销活动中，运营者经常使用的一种方法就是只讲一部分知识，然后引导粉丝扫描二维码下载课程。这种视频表现形式勾起了粉丝的兴趣，却不完全满足粉丝的猎奇心理，这会让粉丝选择下载，从而实现流量变现。

4. 出售衍生品

在很多抖音或快手短视频中，运营者会免费或以极低的价格出售自己的课程。当粉丝被课程吸引之后，运营者就开始销售课程的衍生品（如光盘、电子书等）。这种营销方式不在课程上赚钱，却在衍生品上赚钱，也是十分巧妙的。

眼下，知识付费已经成为流量变现的新战场，在这里，知识是衡量短视频是否成功的重要标尺。将知识从书本搬到网上，从头脑中搬到视频中，确实是一个很大的转变。这是一个挑战，更是一个机遇。借助抖音和快手平台，让知识变现成为现实，这就是流量给实用课程带来的巨大改变。

▶▶▶ 网红语录

1. 我见证过皮影戏的辉煌，也感受过皮影戏的落寞，在快手出现之前，皮影戏正以飞快的速度走向消亡。

2. 生活就是这样，你越是想要得到的东西，往往要到你不再追逐的时候才姗姗来迟。

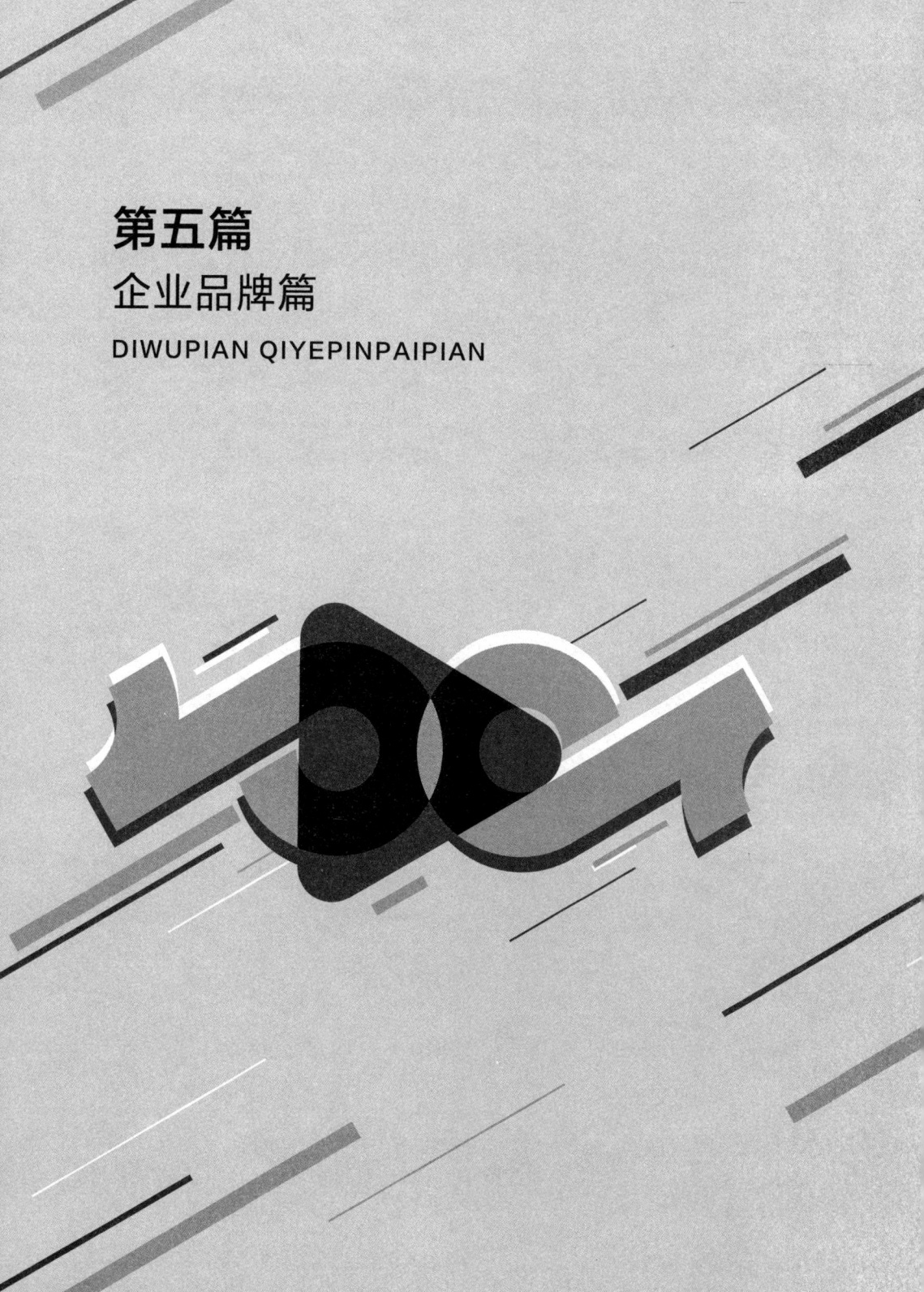

第五篇
企业品牌篇

DIWUPIAN QIYEPINPAIPIAN

第十五章

企业账号运营的那些事

◎这样运营，品牌号更火爆

◎搭建高效输出的品牌号运营团队

◎内容持续产出，增强对粉丝的吸引力

◎做好维护和调整，品牌号活力更足

这样运营，品牌号更火爆

在粉丝经济时代，一家企业想要更快速、更迅猛地发展，就要涉足当下正红火的短视频营销领域。通过吸引粉丝关注，来形成流量，当流量池中积累了足够的流量时，就可以将流量变现，从而提升销量。

根据既有的经验，企业在运营品牌号时，需要从以下四个方面来思考。

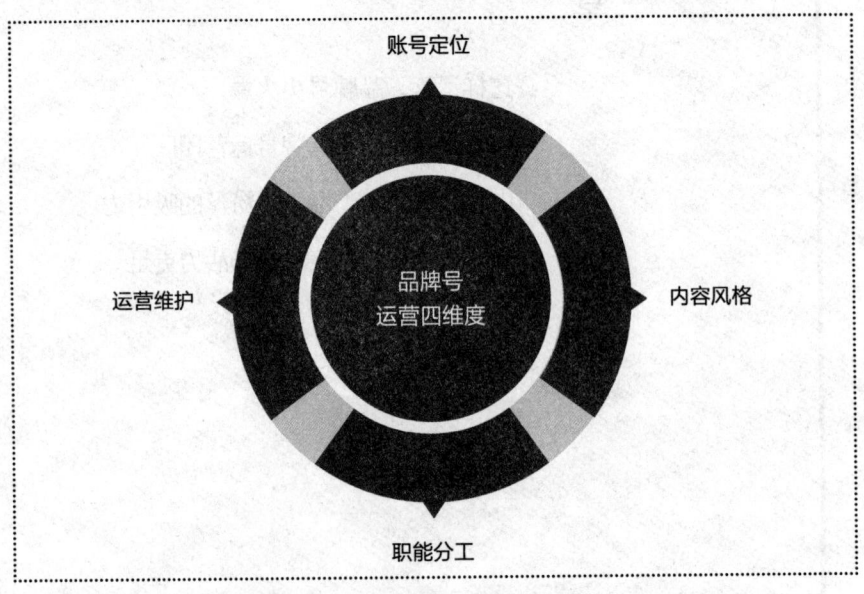

图15-1　品牌号运营的四个维度

1. 账号定位

在抖音、快手平台上设置官方账号后，首先要考虑的事情就是品牌号的定位。企业要思考品牌号将以何种身份与粉丝进行沟通，是以官方短视频的身份做宣传，还是与粉丝进行轻松、幽默的日常交流。因为品牌号的最终定位，决定着它将以严肃的形象出现，还是以接地气的形象出现。

2. 内容风格

与图文和长视频相比，短视频的优势是能在几十秒的时间内为观众呈现一段完整而精彩的故事，给观众极强的代入感。所以，在运营品牌号时，应该围绕这一特点对内容进行加工。品牌号的主角是谁，应该以什么角色出现，内容是宣传品牌文化还是推销产品等，都是需要考虑的问题。

3. 职能分工

确定主要内容的方向之后，运营团队要根据具体的内容和风格来确定摄像、主角、剪辑等职能角色。这一工作主要依据企业的短视频运营团队的人员构成来完成，可以一人负责一项，也可以一人身兼多职。至于最终如何确定，还要参考短视频的发布频率和市场需求等因素。

4. 运营维护

营销短视频发布之后，品牌号的运营者要及时关注粉丝的动态和评论，积极地与粉丝互动，对内容进行调整和优化，还要根据平台和市场的需求，对各项工作进行动态的调整，以便跟上短视频营销的发展节奏，给粉丝更好的观看体验。

运营品牌号，是企业开发客户、扩大销量的一个有效途径，尤其是在当前这种短视频火爆的环境中，企业更应该跟上时代和客户的脚步，用短视频的方式让更多潜在客户关注到自己。通过合理、高效的运营，让品牌号成为营销新阵地。

▶▶▶ **网红语录**

1. 想转型成功，首先要打破的就是自我设限，不要变成井底之蛙。

2. 人最重要的是找到属于自己的世界，只有找到属于自己的世界，人生才有意义。

搭建高效输出的品牌号运营团队

根据目前的市场形势和短视频营销的发展势头，企业运营品牌号不会是短期行为，而是一项持续性的长期工作。

因此，企业需要搭建自己的品牌号运营团队，而且一定要有明确的分工，以此确保有足够的、质量稳定的短视频输出，对粉丝形成长期的吸引力。

具体而言，一个品牌号运营团队需要编剧、导演、摄影、剪辑、主角等人员，组成方式可谓非常复杂。各个部门的成员只有通力合作，才能顺利制作出一段符合要求的短视频。在搭建运营团队之前，企业要考虑清楚以下三方面的问题。

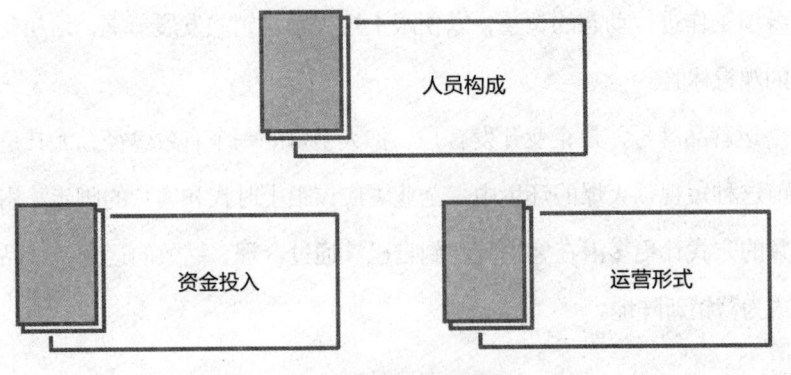

图15-2　影响运营团队搭建的因素

1. 人员构成

制作短视频之前，要充分考虑它最终要呈现的视觉效果，以此作为依据进行倒推，最终核算出团队需要什么人以及人数究竟是多少。在人员充足、各司其职的情况下，短视频的拍摄工作才能顺利地展开，最终制作出符合预期的产品。

2.资金投入

在短视频制作中，企业的资金投入力度往往决定着产品呈现的最终效果。这是因为，通常情况下投入和产出是成正比的。如果想制作出效果炫目、精彩绝伦的短视频，那么在人员薪酬、拍摄设备、后期制作等方面，就有必要多投入一些资金。

3.运营形式

一般来说，企业都会有自己的品牌号运营团队，这样管理起来更高效，拍摄思路也能随时进行调整，最终呈现的效果也会更符合企业的定位和要求。

当然，如果企业不想再单独组建完整的运营团队，也可以通过外包的形式来运营品牌号。采用这种方式的话，企业需要安排一名运营人员去监督外包团队的内容制作，以保证短视频内容符合企业的要求，能够展现企业的特性等。

企业运营品牌号，是在当前情况下必须做出的一种选择。运营团队的搭建，则是顺利运营的第一步，也是关键的一步，它不仅决定着短视频最终将会以何种方式展现在粉丝面前，还对品牌号的运营成功与否有着非常重要的影响。同时，运营团队的搭建方式并非只有一种，至于如何搭建运营团队，则需要企业根据自身情况做出合理的选择。

▶▶▶ **网红语录**

1. 创始人很清楚，成功的关键在于抓住机会。

2. 不要像个小孩子一样，老板就是要解决常人解决不了的问题的人。

3. 没有为团队和公司创造利润的人，一定要清理掉。

内容持续产出，增强对粉丝的吸引力

运营品牌号的一个核心问题，是要保证品牌内容的持续产出。只有持续更新内容，才能不断地给粉丝带来新鲜感，吸引粉丝关注企业账号。

想要持续产出符合企业形象和产品性能的内容，就要在了解企业文化及产品性能的基础上，结合当下热点，或是汲取爆红短视频的优点，进而制作出令粉丝喜爱的短视频。

对于品牌运营团队来说，了解企业文化和产品性能，并不是一件难事，如何构思短视频、怎样结合热点等，才是短视频制作的难点所在。一般来说，在抖音和快手平台上，可以通过以下四种方式来结合当下热点，为品牌运营助力。

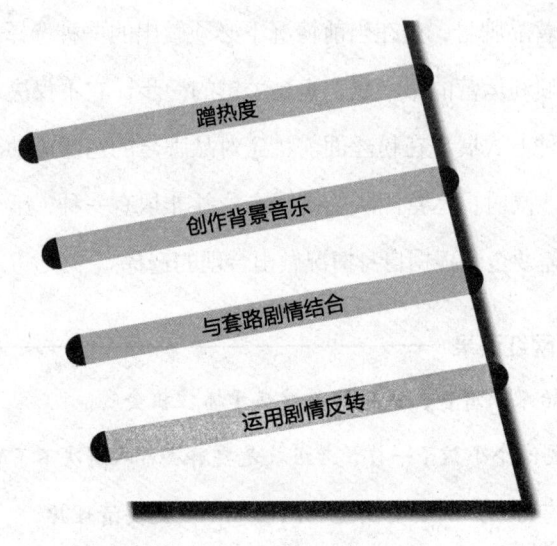

蹭热度

创作背景音乐

与套路剧情结合

运用剧情反转

图15-3　结合当下热点的方法

1. 蹭热度

在抖音和快手平台上，有很多热度很高的短视频，这些短视频往往拥有大量的点赞和关注。对于企业来说，蹭这些热门短视频的热度，是一种制作新视频的简便方式。鉴于这两个平台上的热门短视频总是不断出现，持续产生高质量的短视频也就不是难事。

2. 创作背景音乐

抖音和快手平台上的短视频，有很多都和音乐有关，还有一些视频配有背景音乐。很多歌曲都是在这两个平台上被广泛使用之后，才成为爆红歌曲。在制作短视频时，品牌号运营者可以巧妙地创作背景音乐，用符合企业定位的音乐，对短视频进行更好的包装。

3. 与套路剧情结合

抖音和快手平台上的很多故事类短视频，往往被套路剧情充斥。在品牌号运营过程中，如果产品内容可以与套路剧情结合起来，那就会有令人意想不到的好效果。

4. 运用剧情反转

在抖音和快手的短视频中，剧情反转也是比较常见的内容类型。运用剧情反转，可以让粉丝感觉惊讶，有出其不意的效果。在轻松、诙谐中，粉丝对短视频的接受程度更高，也有更大的意愿去传播短视频。

对于品牌号的运营者来说，做企业账号的目的是在扩大企业关注度和影响力的同时，给企业带来更多的客户和更高的销量。而做到这一切的前提，则是品牌号一定要拥有和抓住足够的粉丝。只有粉丝数量积累到一定程度，品牌号才有可能将粉丝流量变成企业的销量和收入。

品牌号的优质产品，是粉丝对账号产生关注的最重要原因。想要对粉丝持续产生吸引力，让粉丝与账号产生更强的黏度，品牌号的运营者就必须不断推出新产品，持续产出才能引得粉丝持续关注。

 网红语录

1. 做短视频要不要跟热点，蹭热度？答案是要，一定要！因为热点就是最大的流量池。

2. 离生活太远的东西是表演，永远无法沉淀用户。

做好维护和调整，品牌号活力更足

品牌号运营者在抖音和快手上发布短视频产品之后，需要做好很多后续工作。内容的维护和调整，就是其中一项十分重要的工作。

对内容进行维护，核心工作是及时对粉丝的评价予以回复，另一个工作内容是适时发布互动内容，以此来回应粉丝的热情。除此之外，品牌号还可以通过私信、引流官方微博等形式，与粉丝进行积极的沟通，持续维护彼此之间的紧密关系。

与粉丝展开紧密的联系，在粉丝反馈中发现并满足他们的需求，或是针对需求推出新的短视频产品，会让粉丝觉得受到了重视，这种心理满足感会让他们对品牌号产生更高的忠诚度。

在发布短视频产品之后，有很多维护粉丝的方法可以加以借鉴。一般来说，以下三种方法是比较常用的。

与粉丝充分互动

增加评论回复的次数和频率，并且增加趣味性，与粉丝进行更频繁、更深层次的互动

给粉丝赠送礼物

粉丝是品牌号能够持续运营的保证，给粉丝赠送与产品相关的礼物，既让粉丝感动，又宣传了企业产品

特意创作内容

当粉丝催促品牌号运营者进行内容更新时，特意为他们制作相应的内容或段子来进行回复，让粉丝看到满满的诚意

图15-4　维护粉丝的方法

　　品牌号想要保持活力，吸引粉丝长期关注，仅仅做好内容更新是远远不够的。毕竟内容更新不可能每时每刻都做，但品牌号的维护工作则需要时时刻刻展开。从这个角度上说，内容的维护和调整，对品牌号的运营有着更大的影响。

　　对于品牌号运营者来说，时刻维护和动态调整是维护账号的日常工作，只有紧紧跟随市场，随环境和粉丝需求的变化而及时做出调整，才能长期赢得关注，得到更多的实现流量变现的机会。

 网红语录

　　1. 在网络如此发达的信息社会，真的假不了，假的真不了，盗版毕竟是盗版，成不了正版，邪不压正。

　　2. 短视频是一个非常聪明的平台，它会直接找到你的潜在客户。

第十六章

盘点做好品牌营销的高效技巧

◎发起挑战赛，人人是主角

◎变身段子手，幽默做营销

◎选定主题，针对性地卖产品

发起挑战赛，人人是主角

在抖音和快手平台上，有各种各样的挑战内容，而且很多相关视频都成了热门视频。在挑战赛中，用户竭尽全力地完成挑战，无论成功还是失败，都会有观众表示支持。

之所以会出现这种情况，是因为人们对挑战充满兴趣，每个人都想战胜自己，以此来证明自己很强大。即便最后挑战没有成功，这种不服输的精神也值得人们赞美。

在运营品牌号的过程中，运营者可以创建一个挑战内容，并邀请明星或者网红参与其中。只要他们愿意参加，并录制挑战视频上传到网上，就会在粉丝中产生巨大的影响力。随着参与人数的增多，品牌的影响力就会逐渐增大，传播度也会逐渐增强。

当然，要实现这种自主传播，最重要的一点是运营者发起的挑战一定要能激发平台用户的参与热情。越多的用户愿意参与其中，挑战赛就越成功，品牌的营销也就越成功。

一般来说，挑战赛要具备以下三个重要因素，才能在平台上形成热点。

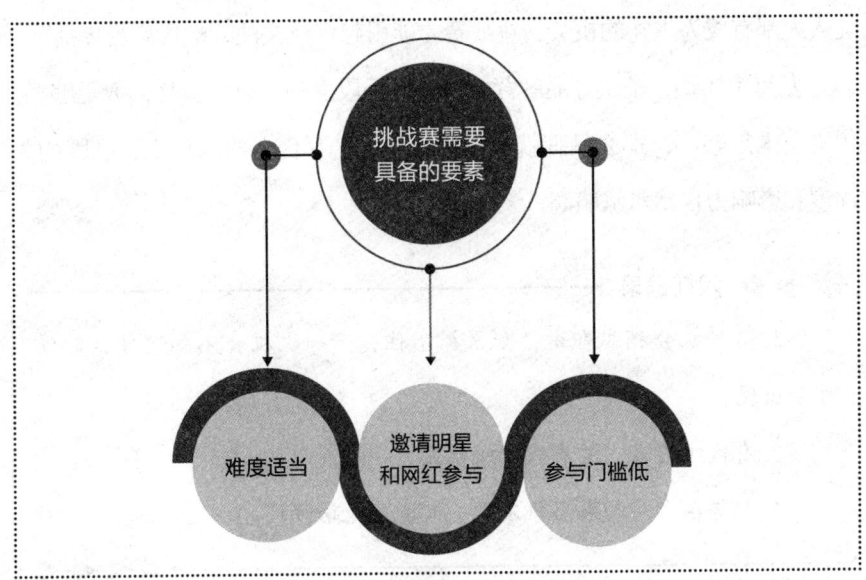

图16-1 挑战赛需要具备的要素

1. 难度适当

挑战的难度，应该保持在适当的程度。对一般人来说，或许有一点难度，但是只要稍稍努力，也能完成挑战，这样的难度是比较合适的。如果挑战难度过高，只有极少数人能够完成，那么对于大多数人来说，接受挑战就等于认可失败，相信没几个人愿意参加这样的挑战。

2. 邀请明星和网红参与

明星和网红都有自带流量的属性，如果邀请他们参与到挑战中，那么他们的粉丝会随之响应，纷纷参与其中，这对挑战赛的快速传播极为有利。这就意味着，品牌可以在最短的时间内影响更多的人。

3. 参与门槛低

发起挑战赛的目的，是让品牌伴随挑战赛的传播而形成传播，这一点非常重要。如果参与挑战的门槛太高（如对场地、环境等有所要求），使得许多用户根本无法参与进来，那么挑战赛注定会失败。只有降低参与门槛，让人人都有成为主角的机会，挑战赛才能引起广泛关注，形成广泛传播。

发起挑战赛，是做好品牌营销的重要手段之一。只要参与人数足够多，传播范围足够广，那么品牌就会在抖音和快手平台上成为热点，品牌的关注度和影响力自然水涨船高。

 **网红语录**

1. 这种机会稍纵即逝，如果抓不住，下一次机会不知道什么时候才会出现。

2. 有钱叫投资，没有钱才叫创业。

3. 趋势在变，如果思维不变，只能原地踏步。

变身段子手，幽默做营销

在如今的抖音和快手平台上，有很多公司和商家入驻，各种各样的企业账号也是越来越多。由于账号运营者对账号的定位有所不同，不同的品牌号也会制作不同的内容，采用不同的方式展开品牌营销。

在诸多营销手段中，比较常用的一种是制造幽默，博得观众一笑。对于大多数观众来说，抖音和快手是消遣的工具，在这里，只要花费十几秒的时间看一段搞笑视频，就能得到身心上的放松。所以，很多幽默搞笑的短视频，都会成为热门视频。

鉴于这种情况，品牌号运营者也可以将重心放在制造幽默上，化身段子手，为粉丝带去欢乐。当粉丝被账号中的视频逗笑时，他们自然会对品牌产生更多的关注。

许多品牌号运营者或许觉得制造笑料非常困难，尤其是要与公司定位相符，还不能给公司形象抹黑。一边是庄重的公司形象，一边是让人捧腹大笑的搞笑场景，如何把握其中的尺度，这确实是一件比较棘手的事情。

可是，实际上有一种比较简单的做法，那就是将公司同事私下里的一些搞笑片段整理、编辑出来，以真实的画面和场景去展现公司同事的日常生活和企业文化。对于那些对品牌和企业感兴趣的粉丝来说，这样的幽默短视频其实更具有吸引力。因为这样的短视频是真实生活的写照，是对真实生活的记录。

运营品牌号，通过品牌号做品牌营销，这已经成为一种大趋势。目前，已经有很多企业在抖音和快手平台上开设了账号，通过品牌号这个窗口向外界传递信息，并与粉丝进行积极的互动。

做好品牌营销，从来都不是一件简单的事情。运营者不仅要顾及企业形象，还要具备专业的营销知识和营销技巧。相对传统的营销模式而言，短视频营销这种方式更加直观，但也更容易被粉丝挑剔，毕竟信息的传播速度太快，稍有不慎或者沟通不够及时，粉丝就会表达不满。

所以，品牌号不仅仅要传播品牌和为粉丝解决问题，也要努力成为粉丝的朋友，通过幽默的方式去化解粉丝的不满情绪。用幽默的方式做品牌营销，让粉丝感觉快乐，他们就会心甘情愿地成为品牌的拥护者。

 **网红语录**

1. 辛苦不一定赚钱，赚钱不一定辛苦。

2. 所有成功的背后，都是苦苦堆积的坚持。

选定主题，针对性地卖产品

在短视频营销领域，做品牌营销的企业都有一个共同的愿望，那就是通过短视频让更多的观众看到自己的企业和产品，通过短视频来吸引客户关注账号并成为粉丝甚至铁杆粉丝。这些粉丝，是企业实现流量变现的希望，通过粉丝进行传播，比自己一点点做营销更有效，更能赢得粉丝和客户的认可。

正因为企业已经认识到这一点，所以很多企业已经开始进行短视频营销布局。在抖音和快手平台上，越来越多的企业开始通过品牌号展开品牌营销。不同行业、不同领域、不同定位的品牌号，在这两个平台上争奇斗艳，将品牌营销的阵地从线下移到线上。

通过品牌号做品牌营销，很重要的一点是品牌号的定位和内容主题，要与企业的形象、文化等相符。也就是说，企业的定位和目标，是品牌号做营销的导向所在。在不违背导向的前提下做营销，才能更好地宣传企业及产品。否则的话，就是做一些无用功而已。所以，做品牌营销，产品短视频的内容定位很重要。

制作短视频之前，应该对视频的创作、拍摄等有一个全盘的考虑，确定一个明确的主题。确定主题的方法，是在符合企业定位的前提下，去挖掘客户的需求，寻找客户的痛点。这个挖掘和寻找的过程，需要营销者通过市场调查、数据统计等方式来进行。在客户的诸多需求和痛点中，那些客户最急于满足的需求、最渴望消除的痛点，是营销的主攻方向。

给客户急需的产品，努力消除他们最深的痛点，这是品牌营销者应该关注的重点。只有有针对性地为客户提供产品，才能有针对性地卖产品。不得不说，选定一个营销主题，为粉丝提供针对性更强的营销方案和产品，这是企业赢得粉丝、扩大知名度的有效手段。

网红语录

1. 对于公司来说，变现永远是第一位的，这关系到生死。

2. 选择比努力重要，眼光比能力重要，突破比苦干重要，改变比勤奋重要。

3. 没有天生的好命，只有后天的玩命。

附录一 抖音用户行为规范

一、用户行为要求

用户应对使用"抖音"软件及相关服务的行为负责，除非法律允许或者经公司事先书面许可，使用"抖音"软件及相关服务不得具有下列行为：

1. 使用未经公司授权或许可的任何插件、外挂、系统或第三方工具对"抖音"软件及相关服务的正常运行进行干扰、破坏、修改或施加其他影响。

2. 利用或针对"抖音"软件及相关服务进行任何危害计算机网络安全的行为，包括但不限于：

（1）非法侵入网络、干扰网络正常功能、窃取网络数据等危害网络安全的活动；

（2）提供专门用于从事侵入网络、干扰网络正常功能及防护措施、窃取网络数据等危害网络安全活动的程序、工具；

（3）明知他人从事危害网络安全的活动的，为其提供技术支持、广告推广、支付结算等帮助；

（4）使用未经许可的数据或进入未经许可的服务器／账号；

（5）未经允许进入公众计算机网络或者他人计算机系统并删除、修改、增加存储信息；

（6）未经许可，企图探查、扫描、测试"抖音"系统或网络的弱点，实施其他破坏网络安全的行为；

（7）企图干涉、破坏"抖音"系统或网站的正常运行，故意传播恶意程序或病毒以及其他破坏干扰正常网络信息服务的行为；

（8）伪造 TCP/IP 数据包名称或部分名称；

（9）对"抖音"软件及相关服务进行反向工程、反向汇编、编译或者以其他方式尝试发现"抖音"软件及相关服务的源代码；

（10）恶意注册"抖音"账号，包括但不限于频繁、批量注册账号；

（11）违反法律法规、本协议、公司的相关规则及侵犯他人合法权益的其他行为。

二、信息内容展示及规范

1. 用户按规定完成实名认证后，可以以注册账号或"抖音"合作平台账号登录"抖音"发布信息、互动交流、评论等。用户在"抖音"中因相关操作所形成的关注、粉丝信息将会向其他用户展示。

2. 公司致力于使发布信息、互动交流、评论成为文明、理性、友善、高质量的意见交流。在推动发布信息、互动交流、评论业务发展的同时，不断加强相应的信息安全管理能力，完善发布信息、互动交流、评论自律等管理，切实履行社会责任，遵守国家法律法规，尊重公民合法权益，尊重社会公序良俗。

3. 用户制作、评论、发布、传播的信息（包括但不限于随拍或上传至"抖音"平台的未公开的私密视频）应自觉遵守法律法规、社会主义制度、国家利益、公民合法权益、社会公共秩序、道德风尚和信息真实性等"七条底线"要求，不制作、复制、发布、传播下列信息：

（1）反对宪法确定的基本原则的；

（2）危害国家安全，泄露国家秘密的；

（3）颠覆国家政权，推翻社会主义制度，煽动分裂国家，破坏国家统一的；

（4）损害国家荣誉和利益的；

（5）宣扬恐怖主义、极端主义的；

（6）宣扬民族仇恨、民族歧视，破坏民族团结的；

（7）煽动地域歧视、地域仇恨的；

（8）破坏国家宗教政策，宣扬邪教和封建迷信的；

（9）编造、散布谣言、虚假信息，扰乱经济秩序和社会秩序、破坏社会稳定的；

（10）散布、传播淫秽、色情、赌博、暴力、凶杀、恐怖内容或者教唆犯罪的；

（11）危害网络安全，利用网络从事危害国家安全、荣誉和利益的活动的；

（12）侮辱或者诽谤他人，侵害他人合法权益的；

（13）对他人进行暴力恐吓、威胁，实施人肉搜索的；

（14）涉及他人隐私、个人信息或资料的；

（15）散布污言秽语，损害社会公序良俗的；

（16）侵犯他人隐私权、名誉权、肖像权、知识产权等合法权益内容的；

（17）散布商业广告，或类似的商业招揽信息、过度营销信息及垃圾信息的；

（18）使用本网站常用语言文字以外的其他语言文字评论的；

（19）与所评论的信息毫无关系的；

（20）所发表的信息毫无意义的，或刻意使用字符组合以逃避技术审核的；

（21）侵害未成年人合法权益或者损害未成年人身心健康的；

（22）未获他人允许，偷拍、偷录他人，侵害他人合法权利的；

（23）包含恐怖、暴力血腥、高危险性、危害表演者自身或他人身心健康内容的，包括但不限于以下情形：

i. 任何暴力和 / 或自残行为内容；

ii. 任何威胁生命健康、利用刀具等危险器械表演的危及自身或他人人身及 / 或财产权利的内容；

iii. 怂恿、诱导他人参与可能会造成人身伤害或导致死亡的危险或违法活动的内容；

（24）其他含有违反法律法规、政策及公序良俗，干扰"抖音"正常运营，侵犯其他用户或第三方合法权益内容的信息。

附录二 快手违规信息、行为界定

快手致力于提供一个高质量的有趣生活分享平台。为了保护用户创造的内容、鼓励平台内容的多元性、维护良好的社区环境，快手将依据本协议和社区管理规范中的条款对用户发布的信息和用户行为进行管理。

一、违规信息界定

主要指用户利用快手提供的技术或服务上传、下载、发送或传播敏感信息和违反国家法律制度的信息，包括但不限于下列信息：

（1）反对宪法所确定的基本原则的；

（2）危害国家安全，泄露国家秘密，颠覆国家政权，破坏国家统一的；

（3）损害国家荣誉和利益的；

（4）煽动民族仇恨、民族歧视，破坏民族团结的；

（5）破坏国家宗教政策，宣扬邪教和封建迷信的；

（6）散布谣言，扰乱社会秩序，破坏社会稳定的；

（7）散布淫秽、色情、赌博、暴力、凶杀、恐怖内容或者教唆犯罪的；

（8）侮辱或者诽谤他人，侵害他人合法权益的；

（9）有可能涉及版权纠纷的非本人作品；

（10）含有法律、行政法规禁止的其他内容的。

二、违规行为界定

指用户利用快手提供的服务进行不尊重快手用户及其所分享内容、发布扰乱快手社区秩序的内容、影响用户体验、危及平台安全及损害他人权益的行为，包括但不限于：

（1）为非法目的而使用快手软件及相关服务，如冒充他人或机构，或者讹称与任何人或实体有联系（包括设置失实的账户名称或接入用户的另一账户），或者恶意使用注册账户导致其他用户误认；上传/发布骚扰性的、中伤他人的、辱骂性的、恐吓性的、庸俗淫秽的或者其他任何非法或恶意的信息；

（2）将无权传输的内容（例如内部资料，机密资料，侵犯任何人的专利、商标、著作权、商业秘密等专属权利之内、未经授权发布的个人信息等）进行上传、发布、以电子邮件或以其他方式传输；

（3）参与或可能参与（由快手判断）任何违法违规、违反公共秩序或公序良俗的活动或交易，包括传授犯罪方法，出售任何非法药物，从事传销、洗钱、诈骗等行为；赌博、提供赌博数据或透过任何方法诱使他人参与赌博活动；

（4）进行侵犯快手及/或关联公司合法权益的行为，包括但不限于：擅自使用快手及/或关联公司的知识产权（包括但不限于快手及/或关联公司的商标、标志等专有数据或任何网页的布局或设计等享有的合法权益）；模仿快手及/或关联公司服务的外观和功能；使用任何自动化程序、软件、引擎、网络爬虫、网页分析工具、数据挖掘工具或类似工具，接入快手及/或关联公司服务，收集或处理由快手及/或关联公司服务所提供的内容；对快手及/或关联公司服务所用的软件进行解编、反向编译或逆向工程；规避（或试图规避）快手及/或关联公司服务、系统或其他属于该用户的系统的任何安全功能；

（5）利用快手软件或相关服务系统进行任何可能对互联网的正常运转造成不利影响的行为，如故意散播含有干扰、破坏或限制计算机软件、硬件或通信设备功能、快手及／或关联公司服务、与快手及／或关联公司服务相连的服务器和网络的病毒、网络蠕虫、特洛伊木马病毒、已损毁的档案、其他恶意代码或项目等资料；

（6）为破坏或滥用的目的开设多个账户，或恶意上传重复的、无效的大容量数据和信息；

（7）进行破坏快手及／或关联公司服务公平性或者其他影响应用正常秩序的行为，如主动或被动刷分、合伙作弊、使用外挂或者其他的作弊软件、利用 BUG（又叫"漏洞"或者"缺陷"）来获得不正当的非法利益，或者利用互联网或其他方式将外挂、作弊软件、BUG 公之于众；

（8）未取得快手及／或关联公司之书面同意，通过任何渠道或媒体（包括但不限于自媒体等）发出"与快手合作""与快手共同出品"等任何携带"快手"品牌的字样；

（9）其他任何违反中国法律、法规、规章、条例等其他具有法律效力的规定或快手平台规则的行为。

后记

近些年来，短视频营销一直是一个热点。而且随着各个短视频平台的集体发力，这股热潮大有继续升温的趋势。

作为短视频平台的领军者，抖音和快手平台在业内已经拥有了相当的知名度。很多想要实现流量变现的个人和企业，往往会选择这两个平台作为营销阵地。

鉴于此，写下这本书的目的，是希望给那些想要分享粉丝经济红利的营销者一些有益的建议，以更接近实战的方式让他们感受短视频营销的巨大魅力，掌握短视频营销的步骤和方法，从而在短视频红利中收获更大的关注市场和更好的营销效果。